はじめに

ざっくりいうならば、「森のようちえん」と　で子どもたちを自由に遊ばせるスタイルの幼児教育・保育のムーブメン　の自然には、里山、川、海、都市公園なども含まれます。自主保育で森の　る子育てサークルもあれば、認可幼稚園や保育園が森のようちえんするこ

　これをしなくちゃ森のようちえんじゃない　をしているようでは森のようちえんとは呼べないとか、そんな狭い定義　ころでは違いもあるけど、大きな意味で目指すところは似てるよねとい　んとなくつながって、森のようちえんの文化を、日本の子育て環境の中に　でいます。それこそ何十年もかけて森を育てるようにゆっくりと、しかし確実に　そのムーブメントが広がっているのです。

　日本独自の滋味《じみ》あふれる教育スタイルとして、いずれはモンテッソーリ教育やシュタイ

ナー教育、イエナプラン教育などと並び称されるポテンシャルを秘めていると私はにらんでいます。ＳＤＧｓ（Sustainable Development Goals：国連が定める持続可能な開発目標）の文脈にもぴったりですし。

森のようちえんの魅力と課題を明らかにしていくのが本書の役割ですが、取り急ぎわかりやすいメリットを一つだけ挙げるとすれば、いま話題の「非認知能力」がぐんぐん育つということです。「生きる力」の土台といわれる「自己肯定感」も含まれます。「身体感覚」が研ぎ澄まされる効果もあるでしょう。

それだけじゃありません。もしかしたら、森のようちえんで、日本の教育の常識が変わるかもしれないと私は思っています。教育のみならず、日本の社会構造までもが変わる可能性があります。「ゆとり教育」にも「大学入試改革」にもできなかったことが、森のようちえんならできちゃう気がするのです。

なぜなら、「右向け右！」みたいに変えようとする号令ではなくて、ゆるいムーブメントだから。だって、「右向け右！」って言われたら私なんてむしろ左を向きたくなっちゃいますけど、隣で誰かがにこにこ右を見ていたら、「えっ？」って自分もつい右を見ちゃうじゃないですか。感染するみたいに。

ルポ
森のようちえん
SDGs時代の子育てスタイル

おおたとしまさ

集英社新書ノンフィクショ

感染すれば、仮に森のようちえんに子どもを通わせなくても、自分自身のなかに森のようちえん的視点が芽生えます。その視点で子どもを見れば、自分自身で森のようちえんで、きるようになります。近くに大自然がなくても大丈夫！　それも本書の効能の一つです。

本書執筆のために9つの森のようちえんの一日に密着しました。その他の園の運営者や保護者にも話を聞きました。あっちを見たりこっちを覗《のぞ》いたりしながら、おさんぽするような気分で森のようちえんをご案内できればと思います。

目次

森のようちえんは昔、絶海の孤島だった
見えないものが見えてくる非認知能力
幼児教育の本質とは何か？
森のようちえん付属小学校も誕生

第四章 「きょうしつ」って何？

森を揺るがす幼児教育・保育無償化制度

どしゃぶりだってかまわない
森のようちえん旋風を起こした伝説の園
道なきところに自分の道を見つける力
ヨーロッパの森の幼稚園との共通点
無償化制度が森のようちえんの逆風に!?
子どもに園を選ばせることは可能か？

写真撮影／おおたとしまさ
扉・図表デザイン／MOTHER

※法的に定められた「幼稚園」に限定しないために、一般的に「森のようちえん」の表記が使用されています。本書もそれにならって、法律上の区分にかかわらず、幼児教育・保育を行う組織や団体を「ようちえん」と表記します。「ようちえん」を指す代名詞として「園」と表記することもあります。また、幼児期の「教育」は自ずから「保護」の要素を含んだ「保護教育」だと解釈されるのが教育界の共通理解です。幼稚園教育要領でも「保育」という言葉が使われています。本書でも「教育」「保育」の両方を使用します。

取材にご協力いただいた「森のようちえん」一覧（本書初出順）

「森のようちえん」の最大の魅力は子どもたちの表情や躍動感にほかならないのですが、いかんせん私の筆力では表現しきれません。早々にお手上げしますので、代わりに下記QRコードから各園のサイトに掲載された写真や動画をお楽しみください。

野外保育まめのめ

活動地域：東京都日野市
形　　態：通年型、認可外保育施設
http://www.manazashi2009.org/mamenome_new.html

森の風こども園

活動地域：三重県三重郡菰野町
形　　態：通年型、認定こども園
http://morinokaze-youchien.com/

花の森こども園

活動地域：埼玉県秩父市
形　　態：通年型、認定こども園
https://www.hananomori.org

ぎふ☆森のようちえん

活動地域：岐阜県岐阜市
形　　態：行事型、市民活動ボランティア団体
https://ameblo.jp/wald-kindergarten/

せた♪森のようちえん

活動地域：滋賀県大津市、栗東市
形　　態：通年型、幼稚園類似施設
https://www.facebook.com/setamori.shiga/

森のだんごむし

活動地域：岐阜県美濃市
形　　態：通年型、自主保育
http://dangomushi.boo.jp/

自然育児 森のわらべ多治見園

活動地域：岐阜県多治見市
形　　態：通年型、認可外保育施設
http://www.morinowarabe.org

野あそび保育みっけ

活動地域：長野県飯田市
形　　態：通年型、認定こども園
https://noasobihoiku.wixsite.com/mikke

ながら幼稚園

活動地域：岐阜県岐阜市
形　　態：融合型、認可幼稚園
http://www.nagara.ed.jp

智頭町森のようちえん まるたんぼう

活動地域：鳥取県八頭郡智頭町
形　　態：通年型、認可外保育施設
http://marutanbou.org

めーぷる保育園

活動地域：神奈川県横浜市
形　　態：通年型、認可保育所
https://www.maplecoco.com

※認可外保育施設であっても都道府県の認証園になっている場合があります。
また本書掲載の情報は取材時のものです。詳しくはそれぞれのウェブサイトなどをご確認ください。

第一章 「おもちゃ」なんていらない

ヨーロッパの「森の幼稚園」との違い

大人の顔色なんて気にしない

髪の毛はざらざらでぼさぼさ、ほっぺは赤くてかさかさ、そしてＤＮＡレベルで環境に適応してしまったかのような深い褐色の肌をした子どもたちが、築約１５０年の古民家の庭で泥遊びをしたりおままごとをしたりしています。着ている服もつぎはぎだらけで、しかもうっすら泥色に染まってくすんでいます。

身なりだけを見たら、報道番組で見る海外のストリートチルドレンのようです。でもよく見ると、くすんだ服はどれも、パタゴニア、モンベル、ノースフェイスなど、一流アウトドアブランドのものばかりです。

そして何より、目が違う。自信に満ちた視線で「オマエ、だれ？」ってな感じで私の目を刺して、不敵に微笑《ほほえ》みます。みんな3～5歳児なのに人間としての迫力があって、大人の顔色をうかがう気なんてさらさらない。

男の子が虫かごからカナヘビ（トカゲの仲間）を取り出して私に見せてくれました。かわいがってはいるようなんですが、扱いは手荒くて、足がもげちゃうんじゃないかと心配になります。

「ようこそ、いらっしゃいました！」

明るく声をかけてくれたのは、「野外保育まめのめ」（以下、まめのめ）代表の中川ひろみさん。ひろみさんの声には、普通に話していても笑い声のような響きがあります。

10時くらいに古民家の門を出て、その日の活動フィールドまで約1キロ歩きます。子どもたちはそれぞれに、弁当と水筒と着替えの入ったリュックを背負っています。

この日のフィールドは東京都日野市を流れる浅川の川原。数キロおきに鉄道用の橋がかかっているような普通の川原です。ちょっと先には八王子駅前の高層ビルが見えます。特にワイルドってわけでもありません。

土手の上を歩きながら、犬のうんこを見つけては大騒ぎして、そのついでに近くにあったタンポポの綿毛を飛ばし、ノビル（ネギの仲間）を引き抜いてかじり、子どもたちは思い思いのペースで歩きます。前後数百メートルに広がる二十数人の子どもたちの群れを、数人のスタッフで視野に収めながらの大移動です。

大きな流木や倒木が転がっているところに到着しました。数日前に子どもたちが遊んだ形跡があります。リュックを置くと、子どもたちは好き勝手に遊び始めます。掘った穴にアリを入れて動物園に見立てる子もいれば、流木の切れ端を光線銃に見立てて戦隊ものヒーローになりきっている子どもたちもいます。川に入って魚や水生昆虫を探す子もいます。夏なら川で泳ぎます。

ひろみさんとスタッフのたもつさんはガスコンロをもってきて、ノビルしか入っていないお好み焼きを焼いています。ほかのスタッフも、子どもたちに誘われれば遊びの相手をすることはありますが、「あれしましょう！」「次はこれしましょう！」と指示を出すことはいっさいありません。棒を振り回そうが、木に登ろうが、少々の言い争いがあろうが、目の届く範囲での放牧です。

大きな木の根元では、女の子たちがお店屋さんごっこをしています。何かの順番をめぐっていさかいが始まりました。一人の女の子がものすごく怒っています。怒った子が近くの子を叩《たた》きます。その瞬間に空気が変わりました。まわりの女の子が一斉に叩いた子を責めます。叩いた子がわーーーーーんと泣きます。すると叩かれた子もわーーーーーーーーーんと泣き出します。なかなかの修羅場です。

遠目に見ていたたもつさんがしょうがないなあという感じで輪に加わります。いいとも悪いとも言わず、事情を聞きます。10分くらい経《た》ったでしょうか。そうこうしているうちにいつの間にかわだかまりは溶けてなくなり、泣いていた子たちをまわりの子が慰《なぐさ》めておしまいです。

11時半くらいに、なんとなくみんながビニールシートを敷き始めました。お弁当の時間です。手の込んだお料理がつまったわっぱのお弁当箱の子もいれば、ラップに包まれたサンドイッチの子もいれば、おにぎりだけの子もいます。

ひろみさんがノビルのお好み焼きを配ります。大阪名物のネギ焼きのようで、一般的には子どもが喜ぶような味ではないと思うのですが、子どもたちは喜んでパクつきます。ちょっと前には、ノビルとヨモギとキクイモを天ぷらにしてみんなで食べたそうです。

お弁当を食べ終わった子からまた遊び再開です。

「あっ、あの雲、『ら』みたいに見える！」と誰かが言うと、近くにいた子が「あっちの雲は『き』みたいだよ」「あっちは『お』みたい！」と続きます。「あっ、ほんとだ！」とか言い合ってますけど、本当に「ら」とか「き」とか「お」とか読めてるのかはわかりません。でもそうやって文字に興味をもつのでしょう。

オオアラセイトウというほんのり甘い野花をむしゃむしゃ食べながら、肩寄せ合って土

お昼寝の時間ではなく寝たふり遊び

夏には水着持参でもっと豪快に遊ぶ

手に腰かけ、語り合っているカップル（？）もいます。なんだかいい感じで、まわりのお友達も邪魔しません。

子どもたちの遊びの頃合いを見計らって、ひろみさんが木陰に鎮座《ちんざ》し、絵本を開きます。するとだいたいの子どもたちが自然に集まってきて、お話に聞き入ります。何冊か読み終わったらそれぞれのリュックを背負って古民家に戻りました。

保護者のこだわりを形にしていった

フィールドから戻ったあと、何人かの子どもたちは庭で炊きたての白いご飯にふりかけをかけてもりもり食べていました。おやつです。幼稚園として利用している子については15時に保護者が迎えに来ますが、保育園的に利用している家庭の子はこのあともまだまだ遊びます。ここを卒業した小学生たちも放課後に集まって、学童代わりとしてすごします。

以下、ひろみさんの語りです。

＊＊＊＊＊

活動フィールドは毎日転々としています。ずっといると独占しているみたいに見えちゃうし、フィールドによってぜんぜん表情も違うので。

今日は歩いて行きましたけど、園バスでちょっと遠くに行くこともあります。明日は園バスでタケノコ掘りに行く予定です。季節によって、サクランボが採れるからあそこ行こうとか、桑の実が採れるからあそこにしようとか。でも食育とかはあんまり考えてなくて、スタッフがくいしんぼうなだけです。

ほかの森のようちえんではもしかすると、もっと自然の循環とか美しさとかを教えているのかもしれません。でも私にいわせると、子どもの遊びと自然環境保護はぜんぜんぴったりこないので〜。子どもは根こそぎとるし、殺すしね。

だから、自然保護とかを熱心にやっているひととフィールドで出会うと怒られちゃうこともあります。「ここは怒るひとがいるから行くのやめとこう」とか言って、もうそこには近寄りません。

自由と勝手は違うんだけど、子どもがやりたいことをいっぱいやらせてあげたい。**思いが受け取ってもらえて、自由にできたって感覚がいまは何より大事**ですから。

まめのめの子どもたちもプラスチックゴミはよく拾いますよ。それは自然環境に良くないからというよりも、ゴミの中で遊んでも楽しくないからですね。自然環境のことを教えたりだとか、花の名前を教えたりだとか、そういうのはうちではやんないですね。

そもそも森のようちえんをやろうと思って始めたわけではありません。余計なものを削って削って遊びが残って、たまたま施設がなかったから外だったというだけですからね。

あとから森のようちえんというのがあると知って、「あれ、もしかしてうちでやってることと似てない？」ってなって、一応「森のようちえん全国ネットワーク連盟」に加入したんです。だからいまでも「私たちは森のようちえんなのかい？　森のようちえんなのかもしれないし、ちょっと違うかもしれない」という感じです。

私自身は子どもが生まれるまで普通の保育園の保育士として働いていて、自分の子育てが一段落してから子育て広場みたいなところに勤めたんですけど、そこのお母さんたちが「室内じゃなくて外で遊べる場所をつくりましょうよ」って言い出して、引っ張り出されたみたいな感じ。私、東京都文京区で生まれて皇居の近くの女子伝統校に通って、ぜんぜんアウトドアタイプじゃないのに。ははは。

　それでまずプレーパーク（プレーリーダーと呼ばれるスタッフを中心に大人たちが見守るなか、野外で子どもたちを自由に遊ばせる場）を始めました。そして、プレーパークに来ていた子育てサークルのお母さんたちが、「幼稚園預けるのやめたわ！　ひろみさん、外でやって、外！」って言い出して、５家庭７人の子どもが集まって。「えっ、決めるんだ。ほんとに、やるんだ……」みたいな。

　２００９年にまめのめをスタートしました。一人一人が可能性をもった大事な種《たね》。それぞれのペースで咲くといいねという思いを込めて、お母さんたちが命名しました。ＮＰＯ法人名は児童精神科医の佐々木正美さんの名著『子どもへのまなざし』からきています。佐々木さんが日野市で講演会をしたときに、お母さんたちみんなで聞きに行って、心を鷲《わし》づかみにされて。

　そこからＮＰＯの設立趣意書の文言について灼熱《しゃくねつ》の公園で何時間も語り合ったり……。初期のあれは面白かったですねー。サービスの受け手には成り下がらないぞという気概をもって、自分たちの思いが叶《かな》う場を自分たちでつくっちゃおうというひとたちが集まりました。

そうして形ができてくるとこんどは、「成長って何だろう？」「親が育つって何だろう？」「そもそも、育たないとダメなのかね？」なんて問いが次から次へと出てきて、みんなで話し合う。目からウロコの連続でした。

たとえばお迎えのときに「今日こんなことがありました」みたいな報告はしないでくださいと言われる。「なんで？」って聞いたら、「子どもから直接感じたいから」という答えが返ってくる。

あるときは、「ひろみさん、うちの子が『おまたじゃくし』って言ってたのを『おたまじゃくし』って直したでしょ！」って怒られる。「いまを楽しみたいんだから」と。

一方で、「結ぶっていうのは大事にしたいから、お弁当箱を包むのを当たり前にしたい」と言われて、「うーん、2歳児には難しいかも……」というやりとりをくり返すうちに、いつの間にかできるようになるもんですね。

私はあまりこだわりがないので、その都度「そんなもんかなあ」と思ってやってました。新鮮でしたね。

親のこだわりが強くなりすぎると、弊害もあります。たとえばお砂糖を厳しく制限しているおうちの子が、大人の目を盗んで甘いものを食べるようになっちゃったり。テレビはいっさい見せないと決めちゃうご家庭もね……。

とにかくパワーがあったんですよ。「汚さないで」「ケガさせないで」なんてことは言わない。お勉強的なことを求められることもいっさいなかったし、むしろやらせないでというひとが多かった。**子どもには育つ力がもともと備わっているから、ありのままを認めてくれればそれでいい**という部分は一致していたんです。

良くも悪くも「自分たちのめがねに適《かな》わないと仲間に入れない」くらいに団結力も強かった。人間関係がぎくしゃくしているときには、「えー」とか「ふー」とか言いながら私はただオロオロしてました。

お母さん同士の関係は、濃くなればなるほど面倒くさいんですよ。ぶつかり合いがあったり、違いをガツンとやったり、攻撃的なひとが入ってくることもあったり。でもそうすると、ちょっとゆるめようというひとが必ず出てくる。「めんどくさいのを楽しんでね」とよく言います。

そうやって、お母さんたちの思いを一つ一つ丁寧に受け止めてまめのめは柔軟に形を変えてきました。だから視察に来たひとに「どうやったらこういうのつくれますか?」と聞かれても困ってしまうんです。

乳幼児を育てていたお母さんグループが始まりなので、初期のまめのめは、2歳児ばかりでした。何年か経つと、1歳児から5歳児までがいっしょに遊ぶ集団になりました。

その経験からいわせてもらえば、ようちえんとはいっても1〜2歳児がいるほうが絶対面白い。いまは2歳児以下がほとんどいなくなっちゃってそれがさみしいですね。小さい子たちの言葉にならない思いをわかってあげようとする5歳児というのがすごく面白くて。**小さい子がいるほうが大きい子が大きく育つ**んです。小さい子も、みんなの妹弟みたいな感じで大きくなるし。

入園希望者には必ず事前にプレーパークに参加してもらいます。そこで子どもを遊ばせながら、保護者とお話しします。そこで必ず「なんでうちを選んだの？」と尋ねます。そうすると、お母さんの苦しさとか、ここにたどり着くまでのモヤモヤとかが出てくるんですよ。いまの幼稚園とか保育園のしくみのなかで苦しんでいるひとは多くって。

食育に力を入れている保育園に通っていたけれどコロナになって時間内に食べ終わらないと怒られちゃうようになって、みるみる子どもの表情がこわばっていくのがわかったからうちに来たというご家庭もあります。

年長に上がるときに、いまのお子さんの状態では手に負えなくて困りますと告げられたという親御さんもいました。「『いっしょに考えましょうよ』じゃなくて『排除します』ってこと？」みたいな。

そうするとお母さんは自分を責めて落ち込んできて。でもそれは子どもにも良くないから、**「まず、笑おっか？」**って。

逆に保護者からいちばん多い質問は、「学校に行って困らないんですか？」です。不安な気持ちはわかりますが、反対に「どんな準備をすれば安心なんですか？」ってことですよね。水泳もやって、字も書けて、お話もできて、英語もやって……それじゃ幼児期なくなっちゃうでしょ。「幼稚園と学校はギャップがあって当たり前だから、困りながら行きましょうよ」と伝えます。

こうして腹を割って話すことで、自然に来るべきひとが集まってきますね。「うちは駆け込み寺かい？」とも思いますけれど。あはは。

ダメな自分って言っていた親御さんが、自分のできることで誰かが笑顔になったりするのを体験すると、バンバン元気になってくれます。子どもの居場所といいながら、親の居場所でもあるという。ここではそのひとらしくいてくれればいい。子どもは子ども同士ですくすく育っていくので。大人がそれを引っ張ろうとしたり、急がせたりすると、子どもは苦しくなっちゃう。

その意味で、「幼児教育」という言葉にもひっかかりがあるんです。「教育」っていってしまうと、大人がよかれと決めた方向へ近づけるイメージになってしまうから。

「しっかり子ども時代を生きないと、大人にはなれないぞっ！」って。でも、みんな少しでも早く大人にしようとしますよね。わが子にはそうなっちゃうんです。よかれと思って。

だから近くに第三者がいないと。

わが子だけを見て、私の責任でこの子を立派に育てなきゃと思うとつらいでしょ。わが子が当たり前にできていることは、親の目にはすぐ見えなくなっちゃうから。初めはよちよち歩きをしただけでもうれしかったのに。

「君のここが面白いよねー」って誰かに言ってもらえることが、子どもには絶対大事。そのおうちと子どもを交換するくらいの気持ちだと、いいところが見えてきます。

このまえ、高校1年生になった卒園生が来てくれました。小さい子たちに向かって「ぼくはまめのめのときはものすごいわがままだったと思う。でもね、ひろみさんは聞いてくれた。でもあんまり言いすぎるとひろみさんももうおばあさんだから、ダメなんだぞっ！」って言っていて、おかしくて、おかしくて。

幼児期だけじゃなくて、ずっとつながっていられるのがいいんですね。子どもの成長を追いかけるように親も大きくなっていきます。それがいちばんうれしいことですよね。
（以上、ひろみさん）

＊＊＊＊＊

初期のまめのめは結構もろい集団だったのではないかという気がします。でも、『子どもへのまなざし』というバイブルと、ひろみさんという緩衝材《かんしょうざい》があったからこそ分解を免《まぬか》れたのかもしれません。

ひろみさんがやってきたことは、子どものためになることを足し算するのではなく、むしろ幼児期に優先順位が低いものを引き算することでした。

親は、わが子のためにと思って抱えきれないものを抱え込んで重荷に耐えかねてしまうわけです。そこにさらに重しを乗せようとするよりも「あ、それいらないよ。これもなくても大丈夫」と仕分けをするほうが大切であることは言うまでもありません。これまでの私の取材経験からしても、情報過多時代の子育ての大原則は**「迷ったら引き算」**です。

たんぼと畑で育てる里山のようちえん

三重県の近鉄四日市駅から湯の山線でのどかな田園風景を揺られること約30分。終点の湯の山温泉駅に着きました。「森の風こども園」（以下、森の風）に向かいます。

できたばかりの立派な園舎はあるのですが、この日の活動予定は、園が所有するたんぼでの現地集合・現地解散。私もたんぼに向かいます。

9時半を過ぎると、年中さんと年長さん20人弱がブルーシートの上に集まって、若い先生を囲んでお話を始めました。「昨日何をした？」がテーマです。途中、「あ、ヒル！」と、女の子がヒルを発見しました。たんぼならではの出来事です。

でも子どもたちはまったく慌てる様子がありません。女の子はヒルをちょんとつまんで先生に差し出しました。すると先生は掌《てのひら》で団子をこねるようにくるくるっと丸めて草むらにひょいっと投げ捨てました。そして何事もなかったかのようにお話の続きを聞きます。

途中から5～6人の年少さんが加わりました。そこから若い先生とベテランのゆりこさんがバトンタッチ。ゆりこさんはウクレレを取り出して、ぽろろ～んと弾《はじ》きます。たんぽと木々に囲まれたブルーシートの上に、いきなり「ゆりこワールド」が広がります。一目見ればわかります、ゆりこさんがただ者ではないことが。

ゆりこさんがこのようちえんにやってきたいきさつを園長の嘉成頼子《かなりよりこ》さんに聞いてみたところ、ビンゴでした。ゆりこさんが森の風に見学に来たときに、子どもとのかかわり方が普通じゃないことを一瞬で見抜き、スカウトしたのだとか。

この仕事をしているとときどき出会います。魂そのものが自由なひとに。大昔なら、村のためにシャーマンになりなさいと命じられていたであろうオーラを、ゆりこさんはまとっています。

「みんなで心を寄せてください。目を閉じて。聞こえた？」

こんどはささやくように語りかけます。子どもたちが目を閉じて耳を澄ますと、さまざまな鳥の声、風の音、川の流れが聞こえてきます。

小さな木箱の上にろうそくを置いて、お当番さんがちょっと緊張した面持ちでマッチを擦《す》り、点火します。みんなで聖書の一節を暗誦《あんしょう》し、お祈りします。森の風は、キリスト教の精神に基づいた保育を行っています。

意外にも厳《おごそ》かな雰囲気で始まった森のようちえんですが、さきほどの年少さんたちはお祈りまでもちこたえられず、むずむずと動き出します。ゆりこさんが心の中で「はぁ」とため息をつくのが聞こえました。

朝の会を終えて、子どもたちがテンデンバラバラに散っていきます。「1学期は忍耐です」とゆりこさんは苦笑い。

緑の谷間に、たんぼがあり、草むらがあり、竹藪《たけやぶ》があり、小川が流れています。「森のようちえん」というよりは「里山のようちえん」です。たんぼの脇の物置小屋以外、視界の中には人工建造物がほとんどありません。もちろん遊具なんていっさいありませんが、草むらには土管が一つ転がっています。

これだけ環境が多様だと、遊びも多様です。

土管はキッチンになり、使い古された本物のフライパンにちぎった葉っぱを大量に入れて、チャーハンか何かを調理中です。フライパンを握る子がまわりの子に、「水をもってきて！」とか、「もっと葉っぱをもってきて！」とか指示をして、まわりの子たちも「はい！」と言って従います。土管の中に潜り込み、ただニタニタ笑ってみんなの様子を眺めている子もいます。

草むらでは、虫取り網を持った子が2人。バッタやチョウチョを追いかけます。小川には、水生生物を探す裸足《はだし》の子たちが3～4人（17ページの章扉写真参照）。そしてたんぼでは、なぜか水中めがねをした子たちがこれまた3～4人、ずぶずぶと膝上まで泥に浸《つ》かっておおはしゃぎ。たんぼで静かに暮らしていたミズスマシが「何事か！」と慌てて身を隠します。

一方、さきほどのブルーシートの上では3～4人の子たちが、前日に収穫した実エンドウの皮をむいていました。細かい作業に没入しています。「ぜんぶむいて」と命じられたらすぐに飽きてしまう作業でしょうが、一人がむき出したらまわりもつられて勝手にむき出したとのこと。

むいた豆のさやに、小さなお花を詰めて、かわいらしいアートにしている子もいました。小さな子どもの掌よりも小さな豆のさやの中に、まるで小宇宙があるようです。

その脇では、ゆりこさんが絵の具セットと画用紙を広げています。絵を描きたい子が寄って来ます。何かを描くというよりは、三原色だけを使い、自由に色を塗る感じです。

たんぼのあぜに生えているスイバという植物の茎をかじっている子どもたちがいました。爽《さわ》やかな酸味があります。竹藪には、ハチクという細いタケノコが生えていました。子ど

ウクレレと歌声と小鳥たちのさえずりと

田植え前のたんぼでは泥遊びし放題

もたちはその根元を踏んで折って収穫します。

　子どもたちの様子を眺めながら嘉成さんは、「技としての好奇心が詰まったからだを育てたいんですよね」とつぶやきます。

　二十数名の子どもたちを3人のスタッフで見守ります。どこに何人いるか、常にスタッフ同士で情報交換をして、臨機応変に見守り範囲のフォーメーションを調整します。「いま、○○ちゃんがそっち行って合計6人だから、よろしくね」「了解！」という感じ。里山の風景の中で子どもたちとのんびりすごしているように見えて、スタッフたちはいま誰がどこで何をしているのかをしっかりと把握して、空間の隅々にまで神経を配っているのです。

　泥んこびしゃびしゃになった子どもたちはお昼前に着替えます。みんな慣れた様子で自分で着替えます。ときどき甘えてお手伝いを頼む子もいますが。

　そうこうしていると、台所スタッフの一人が軽自動車で全員分のお弁当を運んできてくれました。各自持参するお弁当箱に、園のキッチンでスタッフが調理した給食が詰められています。

　お弁当を食べ終わった子からまた遊び再開です。でも午後は割とあっという間にお帰りの時間。ぱらぱらと小雨も降り始めました。

「そろそろ帰る時間です」とゆりこさんが宣言すると、「えー」という声が一斉にあがります。ブルーシートに集まって、「まだまだやりたかったことがあるひと？」と尋ねると、「こおりおに！」「たけきり！」「火起こし！」「お花摘《つ》み！」「ムシ探し！」と次から次へと手が挙がります。

みんな、明日が来るのが楽しみな様子です。

自然の力を借りなきゃ間に合わない

嘉成さんは長く四日市の幼稚園の園長を務めていました。20世紀末ごろからいのちの感覚の薄れを痛感し、大人の知識の切り売りや小手先の教育技術では間に合わないという危機感が募ったと、当時を振り返ります。

そこで思いついたのが、園庭に森をつくり小川を流すことでした。『森をつくった校長』（山之内義一郎著）という本を読んで、自分もこれをやってみようと発想したのです。固定遊具を撤去し、平らだった園庭に築山《つきやま》をつくって草木を植え、井戸まで掘って小川を流しました。それだけで子どもたちの様子が明らかに変わったといいます。

しかしなぜ里山に新しいようちえんをつくることになったのか。穏やかなれど覚悟がにじみ出る語り口で、嘉成さんが話してくれました。

＊＊＊＊＊

夫の定年退職を機に引っ越したところがたまたまこの環境でした。こちらでも子どもを集めて何かできないかなぁなんて考えていたときに、石亀泰郎《いしがめやすお》さんの『さあ 森のようちえんへ』という写真集でデンマークの野外保育を知って、保育者と子どもがいれば保育は成り立つんだと気づきました。

こんな田舎暮らしは私も初めてだったんです。家のまわりのたんぼにお米がたわわに実っているのを見て、雷に打たれたような衝撃を受けて、「大変だ！」と思ったんですよ。私、自分で食べるものを自分でつくれない。その事実を初めて実感したんですね。かたや、村のひとたちの生活は力強くて美しい。お米をつくるだけでなく、庭もうちの中もいつもきれいにしていて、ちょっとした小屋なんて、そのへんにある木を使って自分たちでぽんぽん立てちゃう。

私もそんな生活に憧れて、地元の地主さんに相談してみたところ、「30年間放ってあるたんぼがあるから見てみるか?」と言われて連れて行ってもらったのがさきほどのたんぼです。大っきな松の木なんかが生えててまるで原野でしたけど、「ここだ!」って思っちゃったんですよ。そこから開墾です。

水を入れるとあっという間に水生昆虫がバンバン湧いてきました。たんぼの生命力に圧倒され、「お米をつくるだけじゃもったいない。この場所に子どもを預けたい。ここでようちえんをやろう!」と思うようになりました。それが森の風こども園の生い立ちです。2005年から2007年にかけてのことです。

おおたさんがさっき「里山のようちえん」と言ってくれましたけれど、まさに日本は里の文化だと思うんですよ。森の文化ではない。その里の文化のなかに生活があるわけで、その生活をなぞろうと思ったわけです。

うっそうと生い茂っていた笹《ささ》を刈って、そこで本を読んでいたら、地元のおじさんがやってきて、「あんたここで雇われたんかい?」って私の顔を覗き込むんです。「いいえ。ここでようちえんをやろうと思うんです」って話をしたら、「子どもはこうやって育てなきゃいかん」って、だーっと一方的にしゃべりだしました。

でもそのおっしゃることが、いまだに私にはちゃんと言語化できないんですけど、そのひとのからだから出てきたことばなんですね。生活のなかで培《つちか》われた本当のことば、生きてることばを聞いて、太刀打ちできないと思いました。「そういうふうに子どもたちを育てたいんです」って私が答えると「そりゃいい」って言って、おじさんは歩いて行きました。地元の普通のおじさんですよ。

農家の方がこんなことも言っていました。「震災のあと、絆《きずな》が大切だって言われるけど、そんなの俺ら、昔からあったさ。こいつら（稲）しゃべれない。しゃべれるひと同士のコミュニケーションができなくて、なんでお米の気持ちがわかるもんか」って。

石亀さんの写真集を見て、自然のなかでキノコを集めたり草木でままごとしたりできたらいいなと最初は思っていましたけど、ここでようちえんをやる意味はそんなもんじゃないわって。これからの時代を生きるヒントがここにあるという気がしてきました。

四日市の幼稚園で園庭を森にしちゃったときにわかったことがあります。子どもたちは水と泥と砂と土があれば延々と遊ぶんです。

いま私がたどり着いて来ているのは、からだの中にぜんぶあるってこと。何のためにこのからだをもってここにいるかとか、どこに向かって生きていくのかとか、ぜんぶからだの中にしくまれているというか。そのしくみによって、子どもたちはああいうふうに遊んで、必要なものを獲得していく……。

最初に「あっ！」と思ったのは火遊びなんですよ。火をたくと必ず子どもたちは集まります。棒きれを持ってきて燃やしてはそれを消してみたり。初めのころは私も「危ないからやめましょう」って言ってたんですよ。でもね、ぜんぜんそんなの聞いてくれない。それでしかたなく放っておいて、観察して、なんでそんなに好きなんだろうと考えたら、「あ、そっか。人間になるためだ！」って。火は人間しか使わないわけだから。

そう考えてみると、「あぁ、そうか」と。**子どもが本能的に好きなことって、ぜんぶヒトの進化の歴史をたどっているん**だなと。火を扱って、穴を掘って、石を集めて、泥をこねて、枝を道具にして。

たんぼのほかに畑もあって、そこの管理をあるお父さんにお願いしたら、それがきっかけで農家になっちゃった。そのひとがいま熱心に取り組んでいるのが種《たね》を残すこと。いま品種改良で、種ができない作物が多いじゃないですか。このようちえんを「種の図書館」

にしたいって言ってくれています。

　畑に種をまいてみるとわかりますけれど、やっぱりダイコンはダイコンにしかならないし、ニンジンはニンジンにしかなりません。科学的にいっちゃえばゲノムとかいう話になるのかもしれませんが、こんなちっちゃな種の中に、ニンジンになる地図が折りたたまれています。

　人間にも、そのひと自身になる地図が最初から折りたたまれているはずですよね。そこへの信頼感が私にはあります。そこのところを信頼すれば信頼するほど、その子らしさが大きくなっていきますよ。

　教育によって人間が形成されるのではなくて、この子の中にあるものに合ったところに初めて教育というものが成立するんだろうと思います。


（以上、嘉成さん）

＊＊＊＊＊

「個体発生は系統発生をくり返す」ということばがあります。胎児が母親のおなかの中で、あたかも生命の進化をなぞるように成長する様子を表現しています。生まれ出てからも進化は続きます。原始時代から現代に至るまでの人類の進化です。

幼児期は原始人です。嘉成さんの話に加えるならば、子どもたちはドングリが好きですよね。意味もなく拾います。これも人類に刻み込まれた本能ではないかと私は思います。ドングリがあるということは、その周辺にリスがいて鳥がいてカブトムシがいて、豊かな生態系があることのサインです。

ドングリを見つけると「ここなら生きていける」という安心感を得るように、私たち現代人のなかの原始人が記憶しているのではないでしょうか。子どもたちが、昆虫のなかでも特にカブトムシを見つけたときに喜ぶのも、同じ理由ではないかと私は思います。

小学生になると文字や数字が使えるようになります。これ、古代人の段階ですよね。中高生になると、世の中に対するさまざまな疑問を、論理の力で解き明かしていきます。それが中世から近代にあたります。

その先に、ようやく現代人としてのスタートラインに立ちます。人類未到の知恵や知識を探究するのが大学での学問です。あるいは社会に出て、21世紀の社会という環境から糧《かて》を得る方法を考えたりするのです。

近代教育思想の源流とされるルソーも、『森の生活』の思想家ソローも、人間の成長には人類史の追体験が必要だと述べています。そう考えると、子どもの発達段階の各時期に、何を優先すべきなのかがはっきりするのではないでしょうか。

また、「教育によって人間が形成されるのではなくて、この子の中にあるものに合ったところに初めて教育というものが成立する」は、けだし名言です。

「教育」という言葉はしばしば「教えて育てる」と読み下されます。しかし本当は、**教えたい力と育ちたい力がタイミング良く手を結んだところに生じる営みを「教育」というの**ではないでしょうか（図1）。

森のようちえんの子どもたちを見ていれば疑いなくわかるように、子どもたちは常に育ちたい力の触手をいろんな方向に伸ばしています。それに気づいてあげられる大人がどれだけいるか、伸びてきた育ちたい力にぴったりの教えたい力をもっている大人がどれだけいるか、それがその子の置かれた教育環境の豊かさになるのだと思います。

ですから、教えたい力で無理矢理子どもを引っ張ってもうまくいきません。せっかく育ちたい力が触手を伸ばしていても、ちょうどいい教えたい力で応えてやることができなければ「教育」には至りません。

図1 「教育」の概念図

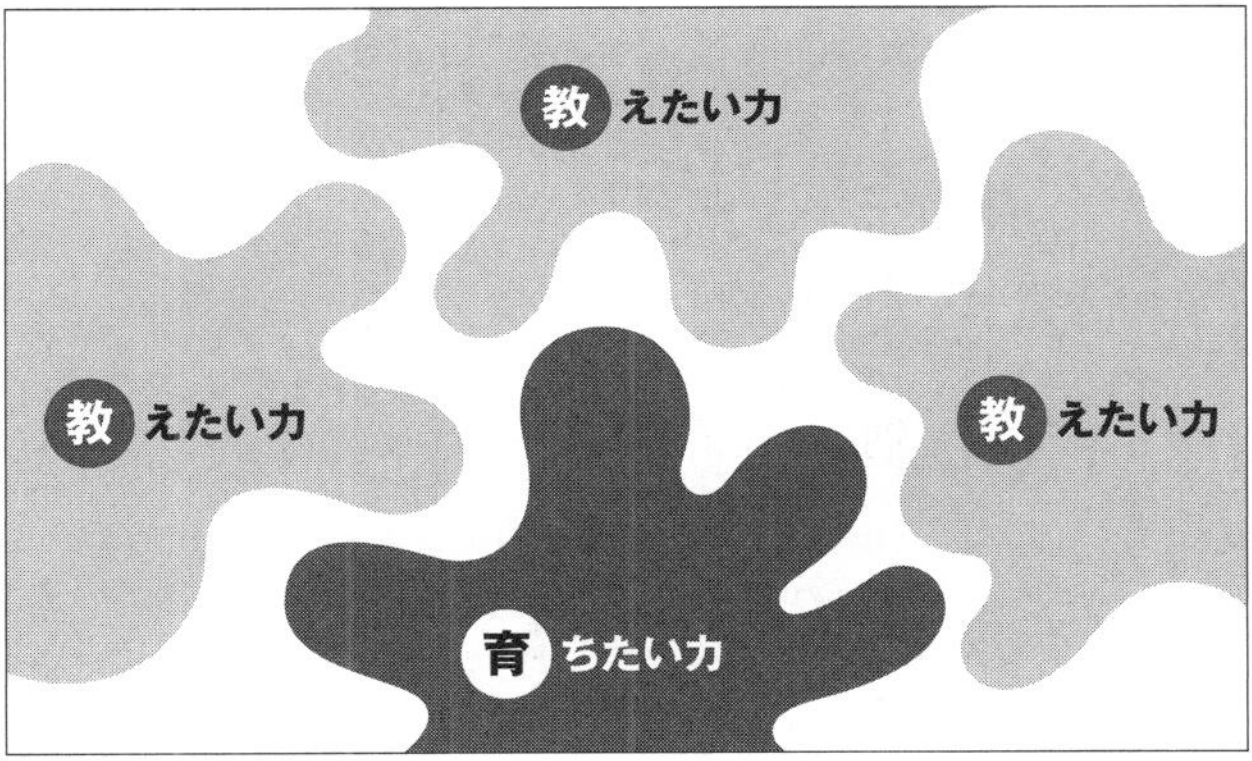

＊＊＊＊＊

ここで嘉成さんの息子で、園の職員として働くえいじさんが会話に加わりました。ここからは3人の会話です。

おおた　植物と違って人間には足があって自分で環境を選べるように思われるけれど、幼児期には大人が選んだ環境に置かれることになる。そのときに、人間がつくった画一的な環境ではなく、多様でゆらぎがある自然環境の中でなら、いろんな種が自分に合う場所を見つけて芽を出しやすい。

えいじ　いろんな種を育てるには、森の中で育てるのがいいのかな。無理がないもんね。ここでしかできないし、不十分なこともあるかもしれないけれど、ここで育ってねって。

よりこ　無理がないし、自分も育つし。

えいじ　大人も適応しなきゃいけないからね。

おおた　人工物に囲まれていると、人間がこの世の創造者であるかのような錯覚に陥る。でも自然のなかでは人間は、ちっぽけな被創造物でしかない。そんな事実を圧倒的な迫力で突きつけられるから、大人も謙虚でいられる。だから大人も育つ。その姿がまた、子どもにとってのロールモデルになる。

えいじ　普通の園なら保育者が考えた遊びを子どもたちが行う。でも自然のなかでは、子どもと自然が相互の関係を結んでくれて、保育者は仲介人みたいに第三者的にかかわります。子どもと自然との間に何かうまくいかないことが起きたときに保育者が入っていって、自然のほうに「どうもすみませんね」とやるときもあれば、子どものほうに「これはね……」なんて説明することもある。

よりこ　教育といっても保育といってもいいんですけれど、それをより確かなものにしていこうとしたときに、自然の力は欠かせません。「野外保育をしよう!」ではなくて、「自然の力を借りざるを得ないでしょ」という感じ。このまえちょっと名古屋に出て行ったとき、娘が「ここじゃイノシシは出てこないよね。イノシシが生きられないところに人間は住めないよね」ってつぶやいてました。

おおた　でもそうすると、都会のタワーマンションに住んでしまったひとなんて、絶望じゃないですか。私は、**コンクリートの隙間から花を咲かせる雑草のような強さを、人間の子どももっているはず**だという信念をもっています。

よりこ　教育界の大家である汐見稔幸《しおみとしゆき》さん（日本保育学会前会長、東京大学名誉教授）もそういう意味で「内なる自然」と、よくおっしゃいますよね。汐見先生がおっしゃることは裁きがないので、救いを見出《みいだ》せるというか……。

おおた　現代の子育てが困難になっているのは、自然や文化の力を十分に借りることができず、むしろ人間の意図の中だけで子育てをしようとしているからですよね。その時点でおこがましいし、無理がある。１００％自分の意図と力でなんとか育てなきゃと思うから、責任も重く感じてしまうし、それが転じて、子どもにも重荷になってしまう。

よりこ　私は**ようちえん選びはそのひとの生き方**だと思っているんです。社会の群集心理で進んでいることのしわ寄せが、子どもたちのような弱者に行っているから、子どもたちもSOSサインを出しているのだと思います。ちょっと〝いいひと〟になろうとするならば、「タワマンでも子育てはできるよ」って励ましたい。でもどちらかというと「まわりとのつながりを断ち切った『個』の環境では子育ては苦しくなるよ」と伝えたい。環境によって育つということは幼稚園の教育要領でも保育所の保育指針にも書かれているじゃないですか。環境を用意するのは大人の使命ですから。

おおた　人間がつくりだしたもののなかだけで喜びを見出すようなひとたちが集まる都市という空間で何世代も子育てをしていったら、すごく長いスパンで見れば、そういう社会は衰退するのかもしれない。経済競争的な意味では不利に見える地方のひとたちのほうが、結局は生き残るのかもしれない。人類学的な視点でいえば。

よりこ　さきほど「種の図書館」の話をしましたけれど、私は子どもの原種を育てたいと思っているんです。農家になっちゃったそのお父さんが「種をまいて育てるには、手を出しすぎてもダメだし、ほったらかしでもダメなんだよな。子どももといっしょだな」って言うんです。

おおた　大人がもっと自然のことを知っていて、思いどおりになるものではないけれどほったらかしでいいわけでもないというさじ加減を肌身で理解していれば、子どもを見ても自然にそのさじ加減がわかると思うんです。でもそもそも自然を知らず、ボタンを押せば何かが出てくるような直線的因果律のなかだけに生きちゃってると、「マニュアルどおりに育てたのに、なんでこの子はそのとおりに育たないの？」ってなっちゃう。

よりこ　子どもって自然そのものですものね。ここの歴史といまいるひとたちぜんぶを含めた環境の中で、それぞれとかかわりながら最善を尽くす保育を一生懸命考えています。

おおた　「理想」があって、それに一歩でも近づくことを「最善」というのだと思いますが、嘉成さんのその理想が子どもにとっての理想であると思えるのはなぜでしょう。あえていまどきな言い方をすれば、「エビデンスはあるんですか？」という質問にはどう答えます？

よりこ　同じ質問を前にもされたことがありました。そのとき「**勘《かん》です！**」って答えて大笑いしました。私がよかれと思うことを独善的にやっているってことなんです。ハハハッ。

おおた　森のようちえんをやっているひとたちの間でも、言っていることのニュアンスがちょっとずつ違う。その多様性が私はいいと思いますし、いまのそのお答えは完璧だと思います。どうやったら最高の子育てや教育ができるかなんて、エビデンスがとれるわけがないのですから。

よりこ　特に幼児教育の効果なんて、それだけを取り出して見ることはできません。でも最善の選択をしてあげたい。そのときに**大切なのは、心地いいかどうか**。いまこの子が、心地いい育ち方をしているか。いまこの生活が、心地いいか。

おおた　嘉成さんくらいになれば、子どもが心地よさを感じているかとか、躍動しているかとか、ちょっと見ればわかるじゃないですか。一方で、ごく一般的な企業活動のなかで人生の大半の時間をすごしているひとたちからは「心地いいからってメシが食えるようになるのかよ」という反論もあり得ます。そういうひとにはいままで話してきた価値観って通じにくいんですよね、私の経験上。しかもビジネスなんかで成功したと自覚しているひとたちは、よかれと思って自分の分身をつくろうとします。だから自分の本業に余裕ができると教育分野に口を出し始めます。でも彼らの成功はビジネス分野に限ったことでしかなくて、その視点のみから教育全体を語られちゃうと危ういなぁと感じます。優秀なビジネスマンを育てることが教育の目的ではないですからね。

よりこ　教育の目的は人格の完成ですって、教育基本法にも書いてあるんですよ。日本ってねぇ、捨てたもんじゃないですよ。

＊＊＊＊＊

「里山のようちえん」で行われていたのは、ワイルドな自然の力のみならず、その環境で培われた文化の力も活用する教育でした。森の風だけではありません。今回取材をしたほとんどの園が、森のようちえんというよりは里山のようちえんと呼ぶにふさわしいのが実態なのです。

森のようちえんについてちょっと調べると必ず出てくるのが、「デンマークのあるお母さんが森の中で自主保育を始めたのがきっかけで、その後北欧諸国やドイツにも広がった。いまでは正式な幼稚園として認められている」というエピソードなのですが、日本で行われる「森のようちえん」は、北欧やドイツにある「森の幼稚園」とは異なる前提をもっていると考えたほうがいいのではないかというのが私の意見です。

ドイツの森の幼稚園について書かれた『森の幼稚園』（イングリッド・ミクリッツ著）やスウェーデンの野外保育「森のムッレ教室」を描いた『幼児のための環境教育』（岡部翠編著）からは、「森を学ぶ」ニュアンスが強い印象を受けました。『さあ 森のようちえんへ』

や『北欧の森のようちえん』（リッケ・ローセングレン著）に出てくるデンマークの園は日本の森のようちえんに似ていますが、里のにおいはしません。

人間と自然との距離感が、ヨーロッパと日本とではちょっと違うのだと思います。

外来種としての西洋文化

「ニュージーランドの先住民マオリの世界観を表すことばに『カイティアキタンガ』があります。日本語なら森羅万象《しんらばんしょう》や梵我一如《ぼんがいちによ》のニュアンスに近いでしょうか」と言うのは、森のようちえん全国ネットワーク連盟副理事長の関山隆一《せきやまりゆういち》さんです。関山さんはニュージーランドでネイチャーガイドをしていた経歴があります。

アメリカのネイティブ・アメリカン、ハワイのポリネシアン、南米のインディオなど、西洋文化によってネイティブな文化を滅茶苦茶《めちやくちや》にされた民族は歴史上たくさんあります。日本でもアイヌはひどい仕打ちを受けました。それに比べると、マオリのネイティブ文化はまだ温存されてきたほうだそうです。

彼らはみな、俗に「ネイティブ・モンゴロイド」と呼ばれる共通の文化的ルーツをもつ人々です。「カイティアキタンガ」に似た概念をネイティブ・アメリカンは「ワカンタンカ」といいます。アイヌでは「カムイ」でしょうか。いずれにしても解釈の余地が大きい、おおらかなことばです。

「デンマークやドイツにも素敵な森はあって、森林環境教育とかはやりますが、そこで味《み》噌《そ》をつくったりはしない。日本人がもっている自然観や生活観は西洋にはないものです」(関山さん、以下同)

デンマークのお隣ノルウェーを訪れたときのこと、金曜日の夕方に首都オスロの下り車線が大渋滞していました。電気もガスもない山小屋で週末をすごすための、毎週恒例の民族大移動だそうです。平日と週末、町と森、日常と非日常を、ON／OFFのようにデジタルに区別する生活スタイルでした。

日本には、里と森との端境《はざかい》に、里山という緩衝帯が広く存在します。森であって里であり、里であって森である。そのおかげで**日常と非日常の間をいつでもなめらかに行き来で**きます(図2)。

「明治以降、日本に西洋的価値観がなだれ込んできて、日本がもともともっていた文化的

図2 「里山」の概念図

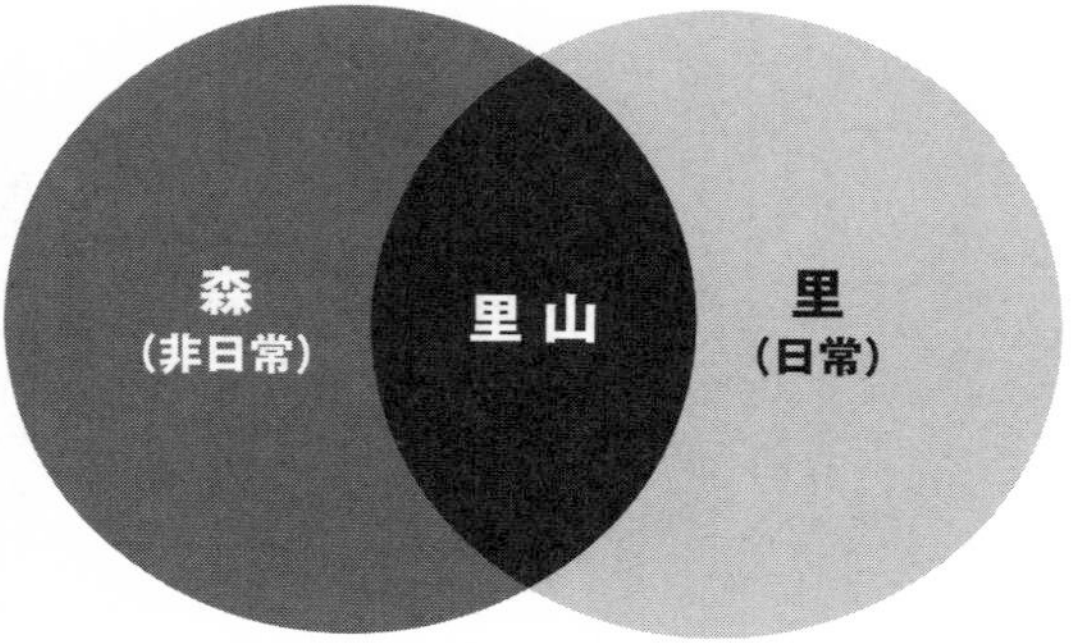

土壌が生かされにくくなりました。幼児教育に関しても西洋の『発達』の概念で語られるようになりました。西洋では個としての発達を直線的に見る傾向が強い。でも日本やネイティブの文化では、コミュニティーや関係性のなかで**円環的に子どもをとらえる**」

外来種としての西洋文化を日本の土地に植えても、根を張らなかった。近代日本は西洋文化のデッドコピーとなったが、しょせん根無し草なのでいずれは枯《か》れる。それが現代日本社会の閉塞感だとも表現できます。

「西洋的な価値観が過去３００年くらい世界を席巻していますが、それぞれの地域の土着の文化をもっと積極的に復興すべきだと思います」

ただしこの点に関してはちょっと注意も必要で

す。かつてドイツにおいて、自国の自然と文化と民族の純粋性を重視するプロパガンダでナチスが台頭してしまいました。当時ナチスは、自然農法や健康志向などを推進していたのです。もちろん関山さんも認識しています。

「内省しているだけだと村社会化してしまいます。自分たちの文化を再認識することで、ほかの文化を認めていく方向性に変わっていくことがすごく重要。子どもたちは最初からこれができるんですよ。彼らは人間の始まりだから。その生まれつきもっているはずの感性を大切に育てたい。要するに、森のようちえんは**平和をもたらすテーゼ**であり、市場経済の原理に基づいて進められる画一化という意味での**グローバリズムに対するアンチテーゼ**です」

森のようちえんに日本の原風景があった

そもそも日本で「森のようちえん」という名称が使われ出したのはどういう経緯なのか。「森のようちえん全国ネットワーク連盟」（以下、全国ネットワーク）理事長の内田幸一さんに聞きました。

「日本で誰が言い出したのかは、はっきりしないんですよ。野外保育実践者で連絡を取り合って集まったときに、『森のようちえん』っていいことばだよねってことになって、会の名称に使わせてもらいました」(内田さん、以下同)

1980年代に長野県で内田さんが野外保育を始めたときには、北欧に森の幼稚園なるものがあることすら知らなかったし、自身では「自然のなかでの幼児教育」や「小さな山の幼稚園」と説明していたそうです。

全国ネットワーク設立は2008年ですが、2005年から野外保育実践者による情報交換が、「森のようちえん全国交流フォーラム」という名称で開催されていました。現在の会員数は個人・団体での登録を合わせて約300。

ただし、昭和のころから「青空保育」や「おさんぽ会」は全国各地で行われていましたし、全国ネットワークに加盟していない個人や団体も含めれば、もっと多くの森のようちえん的保育が行われているはずです。

明確な定義はありませんが、全国ネットワークとして掲げる「森のようちえん」のコンセプトは以下のとおり。

1「森のようちえん」とは
自然体験活動を基軸にした子育て・保育、乳児・幼少期教育の総称

2「森のようちえん」という名称について
【森】は森だけでなく、海や川や野山、里山、畑、都市公園など、広義にとらえた自然体験をするフィールドを指す。
【ようちえん】は幼稚園だけでなく、保育園、託児所、学童保育、自主保育、自然学校、育児サークル、子育てサロン・ひろば等が含まれ、そこに通う0歳から概《おおむ》ね7歳ぐらいまでの乳児・幼少期の子ども達を対象とした自然体験活動を指す。

「毎日森ですごす『通年型』、通常の保育活動の一部に森のようちえん活動を盛り込む『融合型』、週末などに定期的に開催される『行事型』という分類もされています。つまりいまのところ『何でもかんでも森のようちえんといっちゃおう!』というノリです。ただし、怖いのは事故ですから、安全認証制度はつくりました」

要するに、日本全国でそれぞれの地域に独自の野外保育文化が同時多発的に発生し、そこにあとから「森のようちえん」ということばを冠しただけであり、北欧やドイツの森のようちえんを輸入したわけではない。

幕末の日本を訪れたイギリス人が著した書籍には、次のようなくだりがあります。

> いたるところで、半身または全身はだかの子供の群れが、つまらぬことでわいわい騒いでいるのに出くわす。それに、ほとんどの女は、すくなくともひとりの子供を胸に、そして往々にしてもうひとりの子供を背中につれている。この人種が多産系であることは確実であって、まさしくここは子供の楽園だ。
>
> (ラザフォード・オールコック『大君の都』より)

現代の森のようちえんで目にする風景は、実は日本の原風景だったのです。

第二章　「おとな」は見てるだけ!?

モンテッソーリやシュタイナーとの共通点

早期英才教育に舵《かじ》を切った園を飛び出した

園長の葭田《よしだ》あきこさんと、放し飼いになっている二匹のヤギがお出迎えしてくれました。スミレとリイサというそうです。

園庭には大量の薪《まき》が積まれています。薪ストーブの燃料として、園長自ら、近くの山の木を切り出して、薪割りしたものです。

手入れの行き届いた園庭のその先には、これまた手入れの行き届いた美しい森が続いています。もともとは荒れ放題の森でしたが、園長たちが笹を刈り、ゴミを拾い、手入れしたそうです。園庭との境界線は子どもでも簡単に乗り越えられる低い石垣。これはもともとあったものでしょう。

森に入るのは自由ですが、石垣を越えるときに「おじゃまします」と一礼するのが決まりです。森の花を摘んだり、木の実を拾ったりするときは、「ひとつください」と言います。森を出るときは「おじゃましました」。

森の脇の斜面を下ると川が流れています。川原で遊んだり、夏には泳いだりもできます。園舎はできたばかり。でも、新しさ以上に、佇《たたず》まいの美しさが際立ちます。園庭からは園舎と森と青い空しか見えません。絵本の世界が現実になったようなようちえんです。

埼玉県秩父市にある「花の森こども園」（以下、花の森）に来ています。

10時過ぎに園庭にある丸太に16人の園児が腰かけて、朝の会が始まりました。空や雲を見上げてみたり、耳を澄ましてウグイスの歌声や風の音を聞いてみたり、お当番さんが一人一人の名前を呼んで挨拶したり。ヤギたちも草を食《は》みながら参加しています（61ページの章扉写真参照）。

朝の会が終わると、子どもたちはそれぞれ「自らに由《よ》る遊び」を始めます。「自由遊び」ではなくわざわざそう呼ぶところにこの園のこだわりがあります。園庭には丸太やドラム缶が転がっているだけで、遊具らしい遊具はありません。砂場的なところでトンネル掘りをする子もいれば、ヤギに葉っぱを取ってあげる子もいれば、ドロケイで駆け回る子たちもいます。

1歳の女の子は、おにいさんおねえさんたちの水遊びでできた泥の川に、恐る恐る、靴のまま足を踏み入れました。靴の中に水が染み込んできたのでしょう。一瞬微妙な表情をしましたが、靴下までしっかり水が染み渡ると、幸せいっぱいの表情で泥水の中をじゃぶじゃぶと何往復もしていました。

さらにはおにいさんおねえさんたちが使っている水道から出る水に触れただけで「きゃー」と歓喜の声を上げます。何をやっても怒られない、自分の思うがままに使える。それがこんなに楽しいのです。

先生たちは、どこからか長い竹をもってきて物干し竿《ざお》をつくっていたり、子どもたちが描いた濡《ぬ》らし絵の画用紙を何かに貼り付けるためにはさみでカットしていたり、それぞれの作業をしながら子どもたちを見守ります。先生たちが少しでも大きな声を張り上げる場面は、私はまったく目にしませんでした。

若い先生に聞いてみました。

「すばらしい環境で、落ち着いた雰囲気がありますね。ヤギもニワトリも、ぜんぜん子どもたちを恐れる様子がないし。それは子どもたちが落ち着いている証拠ですよね」

「そうですね。理想的な環境で、理想的な保育ができて、私は恵まれていると思います。大学の同級生たちのなかには、せっかく就職しても数年でやめてしまうケースが少なくありません。学校で習った理想の保育とはほど遠い保育をしなければならない葛藤に耐えき

素朴だが温かみのある園舎と園庭

子どもたちが自由に出入りできる美しい森

れないようです」

「大学ではここでの保育のようなことを理想として教えてもらうのに、多くの園の実際の保育はそうはなっていないという現実があるのですね」

「そうなんです」

そんな花の森ですが、創設には壮絶なドラマがありました。スタッフのともこさんが語ります。

「私の子どもも葭田の子どもも、もともと同じ幼稚園に通っていました。園長はしっかりした教育理念をもつ方で、安心して預けていたんです。でも、ある日突然理事長が、これからは英語教育に力を入れるなどと言い出して、園の教育方針を180度変えてしまいました。園長以下職員も総入れ替えでした。方針転換に納得できない数人のママ友で、本当に何にもないところから自分たちの手で、急遽《きゆうきよ》ようちえんをつくることにしたんです」

ともこさんは幼稚園教諭の資格をもっていました。葭田さんも大学では幼児教育を学び、保育士としての勤務経験がありましたが、当時は中学校の相談員として勤務していました。

葭田さんが振り返ります。

「いまから思うと、あれは権利喪失への直観的な抗《あらが》いでした。子どもたちが子どもらしく育つ権利が失われることへの」

２００８年の４月、葭田さんたちはたった半年の準備期間で自分たちのようちえんを立ち上げました。理念は「いろんな命との共生」です。それから10年以上、自然公園の中の園舎ですごしていましたが、２０２０年12月に現在地に移転。幼児教育・保育無償化の基準を満たす園舎をもつ必要があったからです。

「移転先を探すのに1年かかりました。やっと8カ所目でここに巡り会ったんです」

静かな空間づくりはシュタイナー教育に似ている

そのまま山登りできそうなアウトドアファッションに身を包む葭田さんですが、私の目には神社の巫女《みこ》さんのように見えます。優しさのなかにすさまじい厳しさを覗かせる不思議なオーラをもったひとです。以下、葭田さんの語りです。

＊＊＊＊＊

自然の刺激は淡《あわ》くて、飛び抜けたものがありません。だから、耳を澄ましてみると、スミレとリイサが草を食む音まで聞こえてきます。

でもがちゃがちゃした環境にあると、そういう静かな命の営みは感じられなくなっちゃうんですよね。特にテレビで戦隊ものなんかが流行《はや》る時期はすごくきついです。鳥の子育てとか、巣立ちとか、それがそこの枝に止まったとか、そういうのが見えなくなっちゃう。

静かな時間をおうちでも守られている子どもは、そういう気づきがぜんぜん違います。だって、風の音とか、『風の又三郎』の表現のように生き物みたいに聞こえてくるんですよ。ここの森の中で、冒険者になりきったら、ゴーッという風の音なんかに立ち向かう勇気が本当に試されます。そういう体験があったうえで『ナルニア国物語』を読んだりすると、物語の世界に入り込めるわけで。

図らずも殺《あや》めてしまう経験とかもしますよね。花を摘もうと思って後ずさりしたらカタツムリを踏んじゃって、もうぜんぜん修復不能で、この子はどうなっちゃうんだろうとか考える。

ともこさんも子どものころ、好奇心からカタツムリをむいてしまったことがあるんですって。そのときに感じた罪の意識は一生忘れないって。「だからカタツムリをむけ」とは言わないけど、そういう経験があると、本当に大きな過ちを犯しそうなときに、頭をかすめると思うんですよね。

不思議だなとか美しいなって感覚もやっぱりそこで。中高生になって机上で勉強したって、からだの中には入っていかないでしょう。

安心でおいしい食べ物はうんこと死骸でできているということを、実感してほしいと思っています。

そういう感覚的な土台があってこそ、のちに学んだ知識や技術を正しく使えるひとになるはずです。たとえばものすごく遠いところから狙えるライフルを発明するにしたって、その銃口の先に何を撃つのかを具体的にイメージできるかどうか。人間を撃つ武器にするのと、自然保護のために麻酔銃にするのとでは、まったく質が異なります。

こんなようちえんに入れてあとあと大丈夫なんだろうかと不安に思う親御さんもいるんだと思いますけれど、実際にここで遊ぶ子どもの姿を見ちゃうとね。

いろんな園を見て回った親御さんが「いつもは私にまとわりついて離れないのに、ここではなんで私の元を離れてバーッと走って行けたんだろう」なんて気づいてくれたりするんですよ。それはこの雰囲気が迎え入れているんだと思うんですよね。**自然って差別しないし、試験はないし、誰でもどうぞって。**

子どもたちが自己を手放さずに生きるために、体験してほしいことがあります。**（1）ぼーっとする、（2）没頭する、（3）冒険する、「3つのB」**です。

「窓ぎわのトットちゃん」みたいに、落ち着きがないとかいわれて普通の園を追い出されるようにやめてうちに来た子どもたちもいます。そういう子たちも早ければ一週間、遅くても一カ月もすれば嘘のように遊びに没頭できるようになります。お話もちゃんと聞けるようになります。もともとそういう子だったのに、画一的な環境に押し込められ、自分を見失い、その子なりの安定した発達を妨げられていたんです。そういう子は全国にたくさんいると思います。

「うちの子、ずっとひとりで穴を掘っていたみたいなんですけど、大丈夫ですか？」って心配する親御さんがいますけど、それがいちばん大切です。そういう子はこの先もずっとひとりでいられる。一人だけ意見が違ってもそれを貫けるひとになる。

今日、おおたさんにずっとついて歩いてた子がいるじゃないですか。そういう子はまだ没頭できる自分の遊びを見つけられないんですよ。あの子はね、まだ大人の目を気にしちゃうんです。

私たち、土に還《かえ》らないゴミは拾うんですけど、大人の評価を気にする子は、自分のやりたいことに注ぐべきエネルギーを、認められるため、ほめてもらうために使ってしまう。そういうことはどこ吹く風で「3つのB」を体験し、自分の遊びに生きている子のほうが、年長くらいになると本質的なことがストンと入るんですよ。本質的なことっていうのは、「だってここにこれがあったら土に還らないだろう。だから拾うのが当たり前で何も特別なことじゃないよ」という感覚。

「ごめんね」「いいよ」って、合言葉みたいに即決するのもありますけど、あれもね、追放したほうがいいですよ。当事者にしかわからない機微があるから、簡単には納得できませんよ。ましてや相手が自然だと、いくらお願いしても画策をめぐらしても、絶対折れてくれない。それは子どもでもわかる。それを人間関係にも応用できるようになるんです。

自由遊びをわざわざ「自らに由る遊び」といってますけど、そもそも「主体性」ってすごく曖昧《あいまい》ですよね。そんなものはもともとほとんどないんだと、スピノザという哲学者は言っています。自分の意思で主体的にやっているように見えていることでも、実は環境によってつくりだされた選択の連続なんだと。私たちの法人名は、彼の主著『エチカ』からとりました。

今朝、ある子が、「今日は家でレゴしたい」ってぐずって玄関で泣いていました。理由は帽子を忘れたからだったんですけど。気持ちをいちど汲《く》んで、「そうだったんだねぇ」と言って、あるところで離してやれば、ぜんぶご破算にできる。そこでまわりの大人が主体性を奮い立たせようとしたり、逆に「主体性を大事にして今日はおうちでレゴをしましょう」とかやってたら、みんな不登校になっちゃいますよ。そこを勘違いしちゃう親御さんは多い。

「牧歌的な雰囲気の中で、子どもは天使で……」みたいな幻想を森のようちえんに抱くと、そんなことはないですよね。子どもたちは本当にいい顔をして、のびのび生き生きしていますけど、自然のなかに放り込んでおけばそうなるということでもなくて。幼児教育の専門家による保育計画や環境設定といった人的なかかわりの力は大きいです。

逆にいえば、森のようちえんの中で起きていることは、普通の幼稚園の中で起きていることと本質的に同じです。普通の幼稚園だって、何かの問題があったときに、子どもたちが自分で考えて答えを導くとかやってます。
うちの場合は、ようちえんをつくることになって、「どんな保育計画にする？」ってアイディアを出し合っていったら、「森のようちえんというのがあるらしいよ」という話が出て、「えー、私たちがやろうとしていることとなんか似てるじゃん！」みたいなノリでした。だから私たちはよく、「森もようちえん」と言っています。
ほかの森のようちえんもそうだと思いますよ。全国ネットワークには多様な園が入っているけれど、それぞれ違うモノサシをもっていると思います。

（以上、葭田さん）

*****

私は花の森の保育に、シュタイナー教育の影響をほんのりと感じました。濡らし絵の画用紙があったことだけでなく、先生と子どもたちの距離感や心地よい静寂の雰囲気がもたらす時間の流れのゆるやかさが、シュタイナー教育のそれとちょっと似ていたんです。葭田さんに聞いてみると、ビンゴでした。

「土曜日はシュタイナー教育の先生に園舎を使ってもらっています。三原色だけで色の世界を楽しむ濡らし絵をやっています。希望があれば小学校に上がったあとで、先生のところに通って、その先に進むこともできます。私、自分の子を育てたときに山梨まで濡らし絵に通ってたんですよ。シュタイナー教育は静かに自分と向き合えるのがいいなあと思っていて。私たちは濡らし絵だけしかやっていませんけれど」

まだあります。シュタイナー教育の園にはいわゆるおもちゃ屋さんで売っているようなおもちゃがありません。石ころや小枝や貝殻、ドングリなどの自然物がカゴに入れられて置かれています。子どもたちはそれをさまざまなものに見立てて遊びます。園庭にも固定遊具はありません。そのあたりは、多くの森のようちえんと共通しています。

ちなみにシュタイナー教育の園内にある人工的なものといえば、布きれでできた手づくりの人形くらいです。でもその人形を初めて見たひとはびっくりするはずです。の
っぺらぼうなんです。わけを聞けば合理的です。だって、人間を模《かたど》ったものなのに、ずっと笑顔で固定されてるっておかしいじゃないですか。遊びの内容にあわせて、子ども自身が想像して表情を補うのです。シュタイナー教育の子どもたちは、実際に人形の表情が見えるようになるそうです。

いわゆるスローライフ的な空気感が、シュタイナー教育と多くの森のようちえんの共通点です。

花の森のウェブサイトには、「自己教育力」という単語も出てきます。これはモンテッソーリ教育の核となる概念でもあります。モンテッソーリ教育の影響も受けているのでしょうか。

「あの言葉はもともとの園の理念から引き継ぎましたが、モンテッソーリ教育とは関係ありません」

とのことですが、モンテッソーリ教育の理論を借用して、森のようちえんで起きていることを説明できます。やってみましょう。

「自己教育力」とは、子どもの中には自分自身を教育するためのプログラムが予《あらかじ》めインストールされているということです。それが自動的に展開して「遊び」という形で適切な時期に表れる。その時期を「敏感期」といいます。

モンテッソーリ教育ではさまざまな遊びの欲求を満たす「教具」を何百種類とそろえて教室に用意しておきます。敏感期が訪れると、それにぴったりの教具を子ども自らが本能的に選んで遊び始めます。

敏感期に適切な遊びが与えられると、子どもはその世界に没頭できます。それを「集中現象」と呼びます。スポーツ選手が「ゾーンに入る」というのと同じです。

森の中では、人間の大人がわざわざ用意しなくても、子どもの発達の各段階にぴったりの遊び道具が必ず見つかります。たとえば無性に泥んこ遊びをしたがるときは、泥という概念を、自分の肌、目、耳、鼻、舌までをも通じて多角的な情報としてインプットし、脳に刻み込みます。十分な情報量がインプットされると、その遊びをやめて別の遊びを始めます。

ただし、モンテッソーリの教具と森の中にある自然の〝教具〟には決定的な違いがあります。モンテッソーリの教具には「正しいやり方」が決められているのに対して、森の自然物をどのように扱うかは子どもたちが決めるということです。それでも森のようちえんでは、集中現象の発現がいたるところで見られます。

本書ではこのあとも、森のようちえんを教育工学的に理解するための補助線として、いくつかの「オルタナティブ教育」（一般的な学校教育に対する別の選択肢という意味。詳しくは拙著『世界7大教育法に学ぶ才能あふれる子の育て方 最高の教科書』を参照）を引き合いに出します。

子どもたちを孤独な勝者にしないために

木曜日は「同じ釜の飯」といって、それぞれ食材を持ち寄って子どもたちみんなでお昼ごはんをつくります。毎月第一土曜日は「Ｆｅｅｌ＆Ｗｏｒｋｓ」の日で、四季のうつろいや自然界の復元力を感じながら、自分たち人間が自然という大きな循環システムの一部であることを体感する機会にしています。

地球環境に住まわせてもらっているいち生物としての自覚が、大人になったときの共感性の高い生き方の土台になると、葭田さんは考えています。

その土台ができる前に、英語やプログラミングをやらせて何になるというのか、ひとと競わせてどんないいことがあるというのか、何かができる・できないでジャッジしてその子の人生が豊かになるのか……。そんな憤りが、花の森を立ち上げる原動力でした。

時代は急速に変化しているんだから、教育も変わらなきゃいけないというひとがいます。でも考えてみてください。人間の本質なんて、何万年も変わっていないでしょう。

たとえば、科学技術が進歩して、戦争に使われる武器や兵器は昔では考えられないほどの威力をもつようになりましたし、それらを使いこなすには高度な知識と技術が必要になったわけですが、戦争を起こしてしまう人間の愚かさは、原始時代に部族間闘争をしていたころから何も変わっていないんです。

グローバル経済を舞台にした貿易競争だって金融競争だって同じです。競争をくり返す限り、永遠に敗者が生み出されます。自己責任の名の下に敗者が排除されていく社会で最後に残るのは、孤独な勝者です。そのときようやく彼または彼女は気づくのでしょうか、「あっ、しまった。ひとりでは生きていけないんだった」と。

最新技術の使い方は、大学での学問や社会での就業経験のなかで学べば十分間に合うはずです。どうせこれからは一生新しいことを学び続けなければならないのですから。

「行事型」の森のようちえんの存在意義

週末などを利用してイベント的に実施される「行事型」の「ぎふ☆森のようちえん」

（以下、ぎふ☆森）を、岐阜県岐阜市の「ながら川ふれあいの森」に訪ねました。

大人と子どもを合わせると、この日の参加者は総勢100人を超える大所帯。これをボランティアスタッフだけで回しているというのですから、びっくりです。2008年から継続する活動ですが、森のようちえん全国ネットワーク連盟の会員ではありません。そういう森のようちえんも多数あります。

子どもの参加者は、よちよち歩きの幼児から小学生まで。ボランティアスタッフには保育のプロが多数参加しています。代表の鈴木悦子《えつこ》さんも、元幼稚園教諭で、現在もパートタイムで幼稚園に勤務しているとのこと。

人数が多いので、3歳児未満、年少、年中、年長、小学生と、班に分かれて行動します。この日年少さんを担当するのは、公立幼稚園園長経験者で、現在は大学で教鞭《きょうべん》を執《と》るみどり先生。大学の教え子2人を引き連れての参加です。

公園の入口で朝の会が始まります。みどり先生が一人一人の名前を呼ぶと、子どもたちは元気に「はい！」と答えます。年少からは親と離れるのが原則ですが、この日はまだ新年度が始まったばかり。みどり先生が「もうみんなはひとりで遊べるよ。でもまだお父さん、お母さんといっしょがいいひと？」と聞くと、全員が「はーい！」と答えました。

もう一人、熟練のプロがいました。こちらも公立幼稚園の園長経験者のていこ先生です。この日、ていこ先生は年中さんの担当です。

こちらの朝の会では、今日どんな遊びをしたいか、希望者に発言させます。手を挙げておきながら、指名されると黙っちゃう子もいますが、そこはベテランの技で、本人のことばをうまく引き出し、一人一人の関心をしっかり拾います。

さあ、森の奥に向けて出発です！

年中さんグループの何人かの子どもが、さっそく近くにあった枝を拾い集めていました。すると、近くにいた保護者が、「もう行くんだから、置いて行きなさい」と枝を捨てさせてしまいました。あら、もったいない。「なぜ幼児は『森のようちえん』で枝を拾うのか」というまじめな学術論文もあるくらいなのに。

タンポポ畑のような広場に出ました。そこでしばらく遊びます。付き添いの保護者もいっしょに遊びます。バッタやチョウを追いかける子、お父さんと追いかけっこをする子、草花を摘んで冠《かんむり》をつくる親子など、のどかな風景です。さきほど枝を捨てさせてしまったお母さんたちも、タンポポで茎笛を始めました。さきほどとはぜんぜん表情が違います。

みどり先生が言います。

「お母さんたちにものびのびしてほしい」

ていこ先生が原っぱの際に生えている背の高い植物をむしりとって、皮をむいてかじりだしました。子どもたちも寄って来ます。

「かじってごらん」

「あ、おいしい！」

イタドリという植物で、みずみずしい茎をかじるとレモン水のような爽やかな酸味があります。２歳児の男の子がそれをいたく気に入ったようです。ボリボリとかじりながら次なる目的地「イモリの池」まで歩きます。

みどり先生も、ていこ先生も、さすがプロ。普段は子どもを見守りながら、子どもの目が輝いた瞬間を見逃さず、ちょっとした刺激やヒントを与えて離れます。するとさらに子どもの好奇心にドライブがかかり、遊びが深まります。その距離感は、レッジョ・エミリア教育に似ています。私の印象では、モンテッソーリ教育やシュタイナー教育は、もっと大人のかかわりが控えめです。サドベリー教育はむしろ突き放した感じがあります。

この日は欠席でしたが、みつわ先生という園長経験者もいて、その３人がぎふ☆森の保育の精神的支柱となっているそうです。みどり先生が語ります。

タンポポ広場で保護者も童心に返る

イモリの池のイモリはまだ冬眠中!?

「やっぱり親御さんだけだと物足りない。一方でいつまでも私がこうやって出しゃばるのもよくないなと思うんですよね。もっと若い先生たちに任せていかないと。今日は新年度だからということで、結構前に出てきちゃいましたけど」

それぞれのペースで公園内をゆっくり歩いていくと、「薬木《やくぼく》の広場」という原っぱにたどり着きました。子どもたちはそこで自由に遊びます。

過去に何度も参加している子どもたちはお互いに顔を覚えていていっしょに遊びますが、まだ日の浅い子どもたちはやっぱり親子で遊ぶケースが多いようです。日曜日なのでお父さんの参加が多いのも特徴的です。

よく晴れた日でした。真っ青な空に新緑が映えます。自由なタイミングで、木陰でお弁当を広げます。13時、中学1年生のお兄さんが、子どもたちに絵本を読んであげました。そろそろ帰る時間です。

親子が帰ってから、スタッフミーティング。気づいたことを順番に発表します。

「空は青いし、緑はきれいだし、草も木もムシも花も、何でも子どもたちの手にかかって遊び込めるなという感じでした。タンポポ広場でいろんな遊びが始まりました。タンポポの綿毛にも、ぱーっと飛ぶのとなかなか飛ばないのがあって、その違いを見ているのも楽しかったです。一カ月ぶりに会った友達といっしょに遊び込んだり、その遊び方も前回とはちょっと変わったり、だんだん親さんと離れてきたりするのを見て、やっぱり成長しているんだなと感じました。またこの一年が楽しみです」（あるスタッフ）

行事型の森のようちえんについて、代表の鈴木さんに聞きました。

＊＊＊＊＊

立ち上げ当初から、みどり先生のようなプロ中のプロがかかわってくれていることが、自主保育的な森のようちえんとの大きな違いだと思います。県内の森のようちえん実践者で集まることがあるのですが、行事型というところで驚かれ、大所帯で驚かれ、プロスタッフの充実で驚かれます。

私自身はもともと実家の近くの普通の幼稚園で働いていました。「森のようちえんって何だろう？」というくらいでした。でも、わが子を育てるときに、もっと自然に触れさせたいと考えて、ここにたどり着きました。当時このようちえんを仕切っていた岐阜大学の今村光章《みつゆき》先生の講演を聴きに行ったら、「スタッフになるなら入れてあげるよ」と言われて、まんまと巻き込まれて。

初めて森のようちえんに参加して私自身が目からウロコだったのは、おさんぽのやり方です。一般的な園では、「はい、手をつないで～」「歩くよ～」「はい、止まらない！　行くよ～！　止まらな～い！」みたいにやるじゃないですか。いま思うと、何をしに外に出ていたんだろうって。

指導案には「春を見つけよう」とかあって、「ちょっと見て！　タンポポがあるね～！」で、タンポポを見る。「はい、歩くよ～」って言って少し行ってまた「ちょっと見て！　桜が咲いてる～！」って言って、すべてのチェックポイントをクリアしてから帰るっていうのをやってたんですね。おさんぽって、そういうもんだと思ってました。

でもここに来て、子どもたちがよたよた歩く。ここで止まってずーっと座ってる。「みんな行っちゃうのにどうしよう!?」と思っていたら、「いいよ～。それが落ち着いたら上がってきてね～」みたいに言われて、「あ、そっか。いいんやわ。そうやわな」みたいな。

そこら中に止まっている子がいるんですよ。やっとここまで来たら、もうお弁当食べてるとか。バラバラ。これがおさんぽだよなと思いました。

ここに長くかかわって印象に残っているのは、あるお父さんですね。ぜんぜん生き物を触《さわ》れないひとで。せっかくイモリを見つけても触れない。でも3～4年ここに通っていたら、ある日、自分でタモを持って、イモリを捕まえたんですよ。そのとき私、感動しちゃって。子どもが成長するのはもちろんですけど、親も成長するんだなと思って。そういう姿がまた子どもにも返っていくんだと思うんです。

でも、みどり先生やていこ先生を見ればわかると思いますが、環境が違うだけで、理念的な部分は一般的な幼稚園と変わりません。子どもの姿があって、どのように環境を整えて育てていくのかが保育の基本です。

本当に幼稚園教育要領に沿った保育ができれば、森のようちえんだろうが、普通の幼稚園だろうが、子どもたちの育ちに即した保育ができるはずです。

私が行事型の森のようちえんに足りないと思うのは、そこかもしれません。月一回程度の活動では、幼稚園教育要領を読み解き、保育の意味を深めることまできちんと行えていないのが現状です。

普通の園では一人一人の発達に視点を置いて、どうかかわったらどう育っていくのかを解像度高く見て、先生同士で情報共有や意見交換して、保育の質を高めていく不断の努力が重ねられています。それを保育用語では「園内研修・研究」といいます。

環境設定の多くの部分を自然に委ねてしまう森のようちえんで、しかも行事型となると、人的環境としての研究的な部分が弱くなることは否めません。

一方で、行事型のメリットは参加しやすいことです。月一回というのが保護者にとってはほどよい。

多くの森のようちえんでは自主保育の要素もあって、そこに躊躇《ちゅうちょ》するひとにはうちみたいなのがちょうどいいんです。「本当は森のようちえんに入れてあげたいんだけど、私そこまでコミットできないし」と考えて普通の園に通わせている親御さんたちの**うしろめたさを適度に中和する役割**があるかもしれません。

それに、自然のなかでの保育に魅力を感じつつも、ずっと森の中ですごすことに不安を感じる保護者も多い。

たとえば石をただ叩いて粉々にすることに一生懸命になって一日をすごしてもいいじゃないですか。ずーっとアリが歩くのを眺めてすごしてもいい。子どもはそれで満足なわけで。でも「それを毎日やるだけで大丈夫?」という親御さんが多いと思うんですよ。幼稚園教育要領を正しく読み解けば、むしろこっちのほうがあるべき姿であることがわかるはずなんですが。

でも、「塾もやってる！ プールもやってる！ ピアノもやってる！ そうそう、あとは自然でしょ！ 森のようちえんってところがあるからさ、そこに子どもを入れてみよう！」みたいなことじゃないんですよね。

自然体験の大切さは誰でも直感的にわかると思うんです。一方で、子どもを見ることの意味もわかってほしいと思います。説明会でも言うんですけど、一見何もせずぼーっとしているように見える子どもが、実は胸の奥底で心を動かして深く学んでいることがあります。ここに通っているうちに、それに気づけるようになると思います。

うちのスタッフの半分は保育の有資格者です。プロのかかわり方から気づくことも多いでしょうし、よその親御さんを見て学ぶことも多いはずです。長く通ってくれている親御さんのなかには、「このままプロになれるな」と思うようなひとがいっぱいいます。

ただ、一概にプロがいいかというとそうでもありません。大人の都合に子どもを合わせる保育をしている園のやり方に染まってしまった先生よりは、森でありのままの子どもの姿を見てきたベテランの親御さんのほうがいい場合が多いと私は思います。

（以上、鈴木さん）

プロの保育者は子どものどこを見ているのか？

鈴木さんは、幼稚園教育要領の理念を正しく理解した保育の重要性をくり返し訴えていました。滋賀県の「せた♪森のようちえん」（以下、せた♪森）の西澤彩木《さいき》さんも同様です。

「最初の段階として、子どもたちを自然に帰そうという発想はすごくよくわかるんですけど、私たちは放っているわけではありません。『ねらいと内容』があって、振り返って、明日につなげるというサイクルを常に回しています。自然のなかで保育するというのは、それ自体が目的ではなくて、**より質の高い保育をするための手段**なんです」

せた♪森でのある日の保育の振り返りの記録を見せてもらいました。

・年少のときにはお着替えも自分でちゃちゃっとやっていたMちゃんが、今日はスタッフに甘えてきた。後退しているように見えるが、昨年は緊張から甘えることができなくて無理をしていたとも考えられる。いまいろいろ出せて良かったねということでスタッフの意見が一致した。

・年中Yくん、歯科検診で最後まで嫌がって、最後はスタッフがひきとって、受けた。母親が厳しい口調になってもにこにことそのかかわりを求めているような気がするなあ。もうちょっといろいろと時間がかかるなあ。途中入園でまだ一年たっていなくて、スタッフを一対一で求めてくるね。スタッフの居方《いかた》、どうしようか。

・年長さんたちを森の奥に誘ったのに、「いかないー」とご飯を食べていた。検診の時差待ち時間に、30分だけ年長を連れて行ったら、「うわー♪」と心動いて、遊びだす。もったいなかったね。見通しをもてたりできたらいいなあと思うけれど、彼らは「いま、目の前」、なんだなあ。思いが強くない年長さんたち。大人がより良いところに連れて行ってそこで楽しく充実経験してこそ思いが出るのか？ それとも彼らのペースで、積みあがっていくものがあるのか……。

子どもたち自身も自覚できない心の奥底を、スタッフが深く読み取ろうとしていることがわかります。一人の視点ではとても洞察しきれません。複数のスタッフがそれぞれの視点で見たもの、気づいたことを多角的に重ね合わせて、ようやく子どもの実像が浮かび上がってきます。

このような地道な考察があってこそ、毎日の保育が成り立っているのです。森のようちえんに限ったことではありません。これが保育です。レッジョ・エミリア教育の園では、ペダゴジスタと呼ばれる教育学の専門家を交えてこのプロセスに取り組みます。

「レッジョ・エミリア教育にも憧れましたね。引き出しとしてはいろんな教育法を知っていたほうがいいし、どんな教育法でも子どもに対する根本的な理念は同じであるはずです。幼稚園を発明したフレーベルも、日本の幼児教育の祖である倉橋惣三《そうぞう》も、言っていることの本質は同じだと感じます。ただ、時間が経つと表面的なやり方だけが形骸化することはある。そこには注意が必要だと思います」（西澤さん）

レッジョ・エミリア教育は、第二次世界大戦で最後までファシズムに抵抗したレジスタンスの拠点だったという独特の文化的背景をもつ街全体を舞台に発展しました。**園舎の外にある文化的リソースにまで根を張って発展した教育**という意味で、里山文化を舞台にした森のようちえんとレッジョ・エミリア教育は構造的に似ているように私には見えます。

西澤さんは、オランダで発展したイエナプラン教育と森のようちえんの親和性も指摘します。

「いま小学校ではイエナプラン教育に光が当たっていますよね。そういうスタイルの小学校ならのようちえんでの経験が生かされやすいだろうと思います」

ちなみに西澤さんは学生時代、日本におけるモンテッソーリ教育の大家である相良敦子《さがらあつこ》さんにも師事したことがあるそうです。また現在、せた♪森の活動拠点の近くにシュタイナー教育の園もあり、保護者同士がつながっているそうです。

保護者同士の衝突も「自主保育」の魅力のうち

ここまでこの章ではプロの保育者の存在意義を強調してきましたが、保護者主体で運営されている森のようちえんが多数あることも事実です。

岐阜県美濃市の「森のだんごむし」（以下、だんごむし）は現在、4人の母親によって運営されています。

「自主保育というのは要するに、幼稚園や保育園ができる前の昔の村の子育てと同じですよ。森のようちえん界隈《かいわい》でも幼児教育・保育無償化が話題になっていますけれど、自主保育なら関係ないですし」と言うのは、だんごむしの活動を「世話焼き人」としてサポートする萩原《はぎわら》ナバ裕作さん。オーストラリアのタスマニア島でエコツアーガイドをした経歴などがあり、見るからに野人ですが、本職は岐阜県立森林文化アカデミーの准教授です。

現在、保育は月・水・金の週3回。月・金はナバさんが4人の子どもたちを森に連れて行ってくれますが、水曜日は4人の母親がみんなで自主保育しています。ただしこれも柔軟に変化します。

ナバさんが語ります。

＊＊＊＊＊

自主保育の良さは母親にしかできない保育ができること。素人集団ではあるけれど、子どもの幸せを願う気持ちは誰にも負けませんから、必死で考えるし、勉強もしますし、情報交換もします。

そこをプロに任せちゃうと、こんなに楽しいことがプロの間だけに留《とど》まってしまいますよね。

幼児期は人間のベースとなる五感とか探究心とかトライする気持ちとかを育てる時期で

すが、これを応援するのにプロでなければダメだとは思いません。

うちの子はもう高校生ですけど、森のようちえんだったことがいまの学校生活に支障をきたしているようには思えません。支障がないっていうのは、比較の話じゃなくて、**別の幼稚園に行っていてもたぶんその子はその子でしかないので、育ちは変わらない**と思うんですよ。幼稚園を変えたら突然秀才になったりするわけないし。

子どもは種《たね》みたいなものなんで、生まれつきその子らしく育つ力が備わっていると思います。その力を見極め、邪魔しないようサポートしていくなかで、親自身もどんどん成長します。その意味で自主保育は親にとっての生涯学習の意味合いも大きいと思います。


（以上、ナバさん）

＊＊＊＊＊

「別の幼稚園に行っていてもたぶんその子はその子でしかないので、育ちは変わらない」は核心を突く意見です。

子どもの育ちに環境の影響が大きいことは言うまでもありませんが、ようちえんや学校がその子をデザインしてくれるわけではありません。その子がその子らしく育つ環境として、より好ましいのはどこかという次元の話でしかありません。そしてたいていの環境なら、可もなく不可もなく育ちます。

そこを取り違えると、ようちえんや学校に過度な期待をして、まるで白馬の王子様を探し求める乙女のように、ありもしない理想のようちえんや学校を追い求め、迷宮に入り込み、疲れ果ててしまいます。

その点、自主保育の森のようちえんでは最初から他者に期待できません。保護者の一人は次のように証言します。

「ひと言で言えば、『思ってたんとちゃうやん！』です。ナバさんいるし、自然のなかでいいふうに育ててくれるのかなと軽く考えてました。ところが自主保育だと、『あなたはどう育てたいの？』『それはなぜ？』という問いを常に突きつけられます。ここのメンバーは個性的で、強い信念をもっているからこそ、ぶつかります。春に新しい体制で始まって、秋ごろからくすぶりだして、冬くらいにバーンとぶつかるのが例年のパターン。でもいいなと思うのは、大人同士が真剣に悩んで、怒って、泣いたり笑ったりしているのを子どもたちに見せられること。それも子どもたちにとっての学びになるんじゃないかなと思っています。プロの保育士さんなら、いつもにこにこしていられるんでしょうけれど、私たちはそうはいかないので」

お互いの価値観を認めましょうとはいっても、それぞれわが子のことですから、譲れないときには絶対譲れません。「まとまらないからじゃあやめる！」というわけにもいきません。この状況、実は夫婦対等な子育てでも同じですよね。

お母さんが子育てするとか、その反対だとか、主従がはっきりしていれば衝突は減らせます。でも夫婦が対等に子育てすればこそ、葛藤も増えます。子育ての意見が異なるからって分裂してしまうことは、それこそ子どものためにならないというジレンマのなかで、なんとか落とし所を見つける必要に迫られます。これが人間を成長させることは容易に想像できるでしょう。

「当番の日は、子ども同士のかかわり合いを大切にしたいので、わが子からもできるだけ距離をとって気配を消しますが、介入のタイミングについて意見交換することは多いですね。でも、プロがいると、そのひとの考えが〝正解〟になっちゃいますよね、きっと」

別の保護者が続けます。

「私は仕事第一人間だったので、最初のころは『結論を出さなきゃいけない』と思い込んでましたけど、『仕事じゃないから』って別のお母さんが言ってたのが新鮮で。決めることが目的なんじゃなくて、みんながハッピーになることが目的なんだと気づきました」

意見がぶつかったときに、無理矢理結論を出さないほうがいいこともあるというのも、夫婦喧嘩《ふうふげんか》のコツと重なります。

続いて、だんごむしに加わってまだ2カ月という保護者の弁。

「うちの子ならどんな園でも大丈夫と思って、私にとって居心地がいいのはどこかという視点で選びました。どうせなら、子育てにしっかり向き合いたい、お母さん同士とも深いつながりをもちたいと考えました。実際入ってみると、森のようちえんでは、子どもが自分で遊びを探す姿がいいなと感じます。社会に出ても自分で探せるひとになってほしいですからね。それを近くで見守れるのが、自主保育の醍醐味《だいごみ》だと思います」

森のようちえんにプロの保育者は必要か？

「うちは、お母さんたちがお母さんであることを楽しめることにこだわる園です。自主保育ではなく、有資格者による保育の園ですけど、保護者に現場に入ってもらう場面も多々あります。そのために保育者と保護者がともに保育について学び合い育ち合うことを大切にしています」と言うのは、「森のわらべ多治見園」（以下、森わら）の浅井智子さんです。

浅井さん自身、公立保育園での保育士経験があり、自身の子どもを自主保育の森のようちえんで育ててきました。しかしその園が運営者同士の意見の対立から分裂。その片割れの森のようちえんの園長代理を任されて、浅井さんの人生は急展開します。そこからの獅《し》子奮迅《ふんじん》の活躍は、著書『お母ちゃん革命』に描かれています。

浅井さんはなんと、自身の経験をふまえ、専業主婦の保護者たちに起業まで勧めました。そして本当に、起業してしまう母親たちもいました。保育のいろはを教え、起業まで指導し、浅井さんは園のお母さんたちをガンガン育てます。まさに「お母ちゃん２・０」プロジェクトです。

「自主保育なんて『保育』じゃないっていうひともいますが、だったら『保育』である必要はないと私は思います。たしかに自主保育の森のようちえんのなかには、『おいおい！』とツッコみたくなるところもあるのですが、お母さんたちの一生懸命さに勝るものはありません。その空気感が子どもの育とうとする力を引き出します。いま世の中的に、子育ては面倒くさいことという風潮があるじゃないですか。でも自主保育はその面倒くさいことと向き合うことなんです。そしてしっかり向き合いながら、母親同士がつながりあっていくと、わが子はもちろん、すべての子どもたちへの愛おしさがめちゃめちゃ深まります」

森のようちえんに、保育のプロの存在は必要なのか、必要ではないのかという問いに答えることは非常に難しい。森のようちえんを、子育ての場ととらえるか、幼児教育の場ととらえるのかにもよると思います。

自然の力を借りられる森のようちえんだからこそ、自主保育でもなんとかやっていけるということもできます。逆にいえば、自然の力を借りられない、人工的な環境の中での教育にはより高度な専門性が必要で、プロでないとどうにもならないということです。

森にプロがいることを鬼に金棒ととらえるのか、森であることを逆手にとってあえてプロに頼らない自己研鑽《けんさん》の道を選ぶかが、森のようちえん選びにおける有資格者保育か自主保育かの選択の基準になるといえそうです。

第三章　「せいちょう」を焦らない

非認知能力を引き出す自然のマジック

幼児教育が受験競争に巻き込まれた

桃の花が咲き乱れる丘の上に、鳥のさえずりに囲まれた瓦屋根の園舎がありました。信州そばのお店だった建物を、ほぼそのまま利用しています。子どもたちがすごす部屋はもともと宴会場だった広間。カラオケ用のステージが子どもたちの出し物にもちょうどいい感じです。部屋の一面は大きなガラス窓になっていて、その向こうに、南信州の絶景が広がります。

長野県飯田市にある「野あそび保育みっけ」（以下、みっけ）に来ています。森のようちえん全国ネットワーク連盟の理事長・内田幸一さんが園長を務めるこども園です。内田さんは、上背こそ高くはないものの脚なんて丸太のようで、昭和のプロレスラーみたいな体型ですが、子どもたちからは「おー、ウッチャン！」と声をかけられています。

園舎の脇に、山の斜面を利用したプレーグラウンドがあります。木製の小屋やツリーハウスがあり、転落事故防止を兼ねて子どもたちがよじ登れるロープネットが木々の間を立体的につないでいます（101ページの章扉写真参照）。ハンモックがあったり、古タイヤのブランコがあったり、どこかから伐採《ばっさい》してきた大小の木の枝が積まれていたり、遊ぶものに事欠かない環境です。子どもたちはここを「森」と呼んでいます。

この日の午前中は屋内で鯉《こい》のぼりづくりに取り組みました。その様子は普通の幼稚園とまったく変わりません。作業が終わると、園舎のまわりをぐるぐると回るマラソンが始まりました。なかなか体育会系です。お昼は食堂で、オーガニック素材にこだわった給食。この様子もまあ、普通の保育園と変わりません。

食事が終わると園バスに乗り込んで、フィールドへ出発です。この日訪れたのは「かざこし子どもの森公園」。東京ドームおよそ5個分の面積に森と里山と神社がある、日本の原風景をひとまとめにしたような公園です。

貯水池を覗いて、ちょっとした山道を登り、巨大な鉄製遊具のある広場に出ました。広場の脇ではヤギが飼育されています。

駐車場でアリを追いかけて「上に行きたくない」とごねていた女の子が、ヤギの柵にずーっとへばりついています。ヤギが大好きで、ここに来るといつもそうしているとのこと。「あの子はね、ちょっとことばが遅いんです。最初は私も心配でした。でもよく見てると、

宴会場がそのまま子どもたちの部屋になった

「森」には枝や丸太が無造作に転がっている

ゆっくりだけどちゃんと成長しているのがわかります。来年小学校進学の年齢ではあるんですけど、特別支援学級に入れて無理矢理小学生にしなくても、もう何年かここでゆっくり発達を待てば、普通学級でも大丈夫になるんじゃないかと思うんですよね。それから小学1年生を始めたほうが、本人のためになるんじゃないかと。なんで年齢で区切られなきゃいけないいんだろうと思いますよね」（内田さん）

そうこうしているうちに当の女の子は、ヤギとの無言の対話に満足し、子どもたちの輪に加わって、楽しく遊んでいました。その様子を見ていると、本当に考えさせられます。「何歳までにこれができなきゃいけない」「小学生になったら45分間じっと先生の話を聞いていられなきゃいけない」などという大人の思い込みに、現実の子どもを押し込めて何の意味があるんでしょうか。

チョウを追いかける子もいます。枝でチャンバラごっこをする子もいます。何だかわからない富士山型のコンクリートの塊《かたまり》をすべり台のようにして遊ぶ子もいます。広場の中央にある巨大な遊具で子どもたちが遊んでいたのは最初だけでした。

内田さんが語ります。

＊＊＊＊＊

子どもたちはこうやって普通に遊んでいるだけです。一つ一つの活動に意味があるのかといえば、はっきりいって意味はないけれど、その活動にともなう内面に意味があります。それを信じて、私たちはおおらかにかかわります。子どもだけでは獲得できない経験をするお手伝いです。森のようちえんの保育者は一見保育者らしくないかもしれません。でもだからといって保育者が保育者らしくあることを自己目的化してはいけないと思っています。

大人都合の活動は子どもから貴重な時間を奪い、子どもの主体性の芽を摘んでしまいます。小さいうちから〝能力〟やらそんなものを求められて、提出した課題が上手かどうかみたいなところで〝評価〟される教育観に疑問を抱く親御さんが増えてきた。だからいま、森のようちえんが注目されているのではないでしょうか。

日本の幼児教育だってもともとは子ども中心主義でした。でも大量生産型の社会状況が学力・学歴を要請する。受験競争に勝ち残らなければいけない。それがどんどん低年齢層におりてくる。幼児教育が変質していく。そんな流れが１９６０年代から始まりました。しまいには「３歳までに脳が固まってしまう」みたいなことまで言われるようになり、それに乗じた教材まで開発されます。いくら脳科学者が言ったとしても、現場の我々からしてみたら、「それはおかしいだろ」と思うわけ。

受験競争に有利なように育てようとコントロールすれば、ある程度はそうなりますよ。でもそれは、本来的な人間の成長とは違うでしょ。

森のようちえんは昔、絶海の孤島だった

私は若いころ、土門拳《どもんけん》やロバート・キャパのような社会派のカメラマンを目指していたんです。世の中を斜めに見て、センセーショナルな作品が撮れればいいなと思って、専門学校に通いました。

被写体である人間を知らなきゃいけないから、まずは子どもでも撮ってみようと思ったわけ。そうしたらガツンとやられちゃったの。自分が人間どころか子どものことすら何に

も知らないことを痛感させられて、人間科学の大学に通い直すことにしました。教授のつてで紹介してもらった東京都日野市の幼児教室に、カメラを持っていくわけです。そうしたら結局カメラが邪魔だった。

社会的にインパクトのある写真を撮りたいという浅はかな自分がいる。一方で子どもたちが私に求めてくることはそんなことじゃない。初めて自分が本当に必要とされている実感がありました。

大学の中では書物で勉強するわけですけど、そこにも実際の子どもとのギャップを感じるわけ。子どもをバラバラにして分析するわけでしょ。じゃあバラバラにしたパーツをもういちどひとつにしたら子どもになるのかというと、ならないんですよ。

それで、大学に行く代わりに毎日幼児教室に通うようになりました。カメラをカバンから出すこともなくなりました。

幼稚園教諭としてのキャリアをスタートしたのは1977年。大学の同期のご実家が営んでいた東京都渋谷区の私立幼稚園です。好き放題やらせてくれるいい園でした。昔ながらの高級住宅街にありましたから保護者はみんなお金持ちで教育水準も高いんですけど、おおらかで、私がやるハチャメチャな保育にも理解がありました。

私はもともと幼稚園の先生になろうと思っていたわけじゃないから、やることがちょっとおかしいんですよね。渋谷区のど真ん中に菜園つくったり、近所の豪邸の庭で伐採された木の枝や丸太をもらってきて、園庭に転がしたり、砂場を泥のプールにしちゃったり。そこに子どもたちもバシャバシャと入っていって泥だらけになるんだけど、着ているものはラルフローレンだったりするわけ。それでも親御さんたちはぜんぜん抵抗感ないのよ。

「よく遊んだわね」みたいな。

でも数年たったところで園長に呼び出されてこう言われるんです。「軒《のき》を借りて母屋《おもや》をとるようなことはしないでくれ」と。要するに息子さんより、私のほうが目立っちゃってたんですね。それなら自分で幼稚園をつくろうと思いました。26歳でした。

カメラのことは忘れてました。受験競争が幼児教育にどんどん進出してくる違和感があって、このままじゃ子どもが幸せにならないという直感があって、なんとかしなきゃという気持ちでいっぱいでした。ちょうど子どもたちに刃物や火を使わせなくなってきた時代でしたよ。

そこで思いついたのがタイムスリップです。30年前に時を戻して最初からやり直せばいいんだと。すなわち田舎に行けばいいんだと。全国を見て回り、たまたま長野県飯綱《いいづな》高原のロッジでサマーキャンプを手伝うようになって、足場ができました。

1981年にヨーロッパに行きます。日本にシュタイナー教育を知らしめた早稲田大学の子安美知子《こやすみちこ》さんの本を読んだのがきっかけです。それで子安先生に直談判《じかだんぱん》して、シュタイナー式の農場を紹介してもらって、3カ月半くらい滞在しました。学校も幼稚園も視察しました。

でも、帰国するときに決めました。自分の園にはシュタイナー教育をいっさい持ち帰らないと。

シュタイナー教育はあまりに奥が深すぎて、自分には歯が立たないという思いもありました。人智学《じんちがく》とか、理解できない。でもいちばん大きかったのは、ヨーロッパのひとたちがそれぞれの国や民族の文化や歴史を大切にしていたことです。だからまねごとはやめようと。自分たちの根にあるものに目を向けようと。

それで、日本の文化・風土を生かした保育をしようと決意しました。それが結果的に森のようちえんになりました。

1983年に別荘地にログハウスを建て、そこを園舎にしました。まわりの森すべてが園庭です。地元のひとたちから、四季のなかでの見通しをもった生活を教えてもらいました。これを教育にも生かさないのはもったいないと思いました。

でもその当時は理解なんてされません。何せ世の中の幼児教育が、早期英才教育に急激に傾いていった時代ですから。絶海の孤島にいるような気分でしたよ。最初は押し売りのようにしてペンションのオーナーや管理人の子どもたちを預かって、細々とやってました。

そんな時代が5年くらい続いたんですが、園で撮りためた写真で写真展を開いたら、それが意外に話題になって、そこから潮目が変わりました。

見えないものが見えてくる非認知能力

視察に来た方といっしょにおさんぽすると、「なんでこの道はこんなにすばらしいんですか?」と言われることがときどきあるんですが、特別な道じゃないんですよ。つまりいつもは見えていないものがそのときには見えただけ。目的地ばかり意識すると、目の前のものが見えなくなるでしょ。おさんぽの目的はその途中途中にあるんです。人生も同じでしょ。

こういう価値観を知らないで育った子どもたちは、「いつ終わるの?」「どこまで行くの?」とすぐ聞きますよ。でも、森のようちえんの子どもたちはどこまで歩くかなんて気にしない。時間なんて関係ない。途中を楽しむから。

（以上、内田さん）

＊＊＊＊＊

現代社会の中で私たちは、特に若いひとたちは、掲げた目標に向かって一心不乱に生きなければいけないように思い込まされています。人生には目的も結果もなくて、あるのはただプロセスの連続なのに。その途中をいかに楽しむかが人生の豊かさなのに。

子育てでも、偏差値とか受験の合否とか、わかりやすい成果にばかり目を奪われると、目の前の子どもが見えなくなることがあります。それが親子関係をおかしくすることを、私はこれまでの取材経験のなかで何度も見聞きしています。

グローバル企業に就職しただとか、プロスポーツ選手になれただとか、東大に受かっただとかを子育ての成功だなんていわれたら、それこそ「その人生観大丈夫ですか?」という話です。だって人生はそのあともずっと続くんです。

そもそも子どもが幸せな一生を終えたかどうかなんて、子どもより長生きする以外に親には知る由もないでしょう。要するに、幸せになった子どもを見て早く安心したいなんて、さっさと捨てるべき親の煩悩なんだと私は思います。

内田さんの話に戻ります。

＊＊＊＊＊

自然体験をするっていっても、お金をかけて大自然の観光地に部外者として訪れるんじゃなくて、目の前にタンポポの花が咲いているときに「あぁ、春だなぁ」と実感できることのほうが大事。

じゃあ、それがわかるようになったとして、子どもの中では何が育ったといえるんだろうか。そこんところを説明していかなければならないと思っています。

おさんぽにしても何にしても、足下を見て、状況をとらえられるようになるためにやっているといえます。すなわち、「気がつく」ということ。これは何か。

子どもを森の中に連れて行っても最初は何も見えません。でも松ぼっくりを一つ見つけると、辺り一面に松ぼっくりがあることに気づく。そうなるともう松ぼっくりしか見えなくなる。アリやテントウムシの存在に気づくと、次から次へと小さなムシが目に飛び込んでくるようになります。見え方が変わってくる。この感覚です。

なのにこれまでの社会では、「必要なもの以外見なくていいよ」と子どもたちに教えてきた。「答えがあるものについては見なさい。答えがないものに関しては見なくていいんですよ」みたいな教育をしてきちゃった。

その結果、見えないひとが増えた。見えないものは存在しません。これが恐ろしい。遠くのものに思いをはせたり、推測したりしなくなる。インターネットを通じて膨大な情報が入ってくるのに、その背景に対する想像力が著しく欠ける。表面的な情報だけを鵜呑《うの》みにする。このままではたとえば国が出した方針に対して頓着なしに従う人間ばかりになります。

もっと賢くならなきゃ！　与えられた情報を鵜呑みにするのではなく、自分の頭で考えて、推測して、判断する。そのための感性がたった一個の松ぼっくりやたった一匹のテントウムシから始まるんです。**森のようちえんは、静かなレジスタンス**だと、私は思っています。

似たような違和感をもっている親御さんが増えているから、森のようちえんが注目され始めたんだと思いますけれど、まだまだマイノリティーですよ。英語とかスポーツとか何かをできるようにさせてくれる能力主義的なわかりやすい幼児教育のほうが圧倒的にメジャーです。

そこにきていまは「非認知能力」を超能力か何かだと勘違いしているひともいるよね。それを身につけさせるための学習プログラムでもあるんじゃないかと。あと「自己肯定感」。どうやって伸ばそうかって。年齢が上がると自己肯定感が下がることはたしかにあるんだけど、幼児期に自己肯定感がもともとない子なんていないんだよ。ガハハ！

森のようちえんでいろんなものが育つのは間違いないから、それは伝えたいんだけど、エビデンスと呼べるようなものはまだありません。エビデンスとして測れるようなものはそもそも本質的じゃないですし、だから非認知能力というんだろうけど、それがひとり歩きするのも困ります。「森の中でのびのび育てればグローバル社会で〝勝ち組〟になるための力が身につくんですよね？」とかね。

（以上、内田さん）

＊＊＊＊＊

自然のなかでの子育てがすばらしいことは誰でも直感できます。でも、それが具体的に何を育てているのかと問われると、言語化は難しい。言語化できないからといって、存在しないわけではありません。

直感的に良いと思えるものの価値ほど言語化しにくいという逆説が成り立ちます。一目惚《ぼ》れした相手の良さを言語化しろと言われても困ってしまうのと同じです。良さの要素が無数にあり、しかもそれらが多層的にからみあっているから、一つ一つを因数分解できません。

森のようちえんではむしろそういう言語化できないものの価値をまるごと直感的に感じとる感受性をもつひとを育てようとしているのです。それこそいま話題の非認知能力です（206ページからの付録参照）。

それなのに、わかりやすいエビデンスだけをもとにして教育施策が講じられれば、非認知能力的なものを育む教育がどんどん忘れ去られます。目に見える数値に振り回されたなれの果てが、偏差値教育であり、受験競争教育です。

教育についても科学的かつ論理的にアプローチするのは大事な姿勢ですが、あまりにエビデンスを重視することは、両刃《もろは》の剣にもなるのです。教育とはいのちの営みであり、その価値は決して数値化できるものではないからです。

ちなみに、内田さんが力強く訴えた、何気ないことに気づいてその背景を推測することの重要性は、「セレンディピティ」という概念に似ています。18世紀半ばにイギリスの文筆家ホリス・ウォルポール伯爵が『セレンディップの三人の王子たち』という寓話にちなんでつくった造語で、「偶然と才気によって探してもいなかったものを発見すること」という意味があります。詳細は割愛しますが、要するに内田さんは、『セレンディップの三人の王子たち』のようなひとを育てたいと言っているのです。

その第一歩が、たった一個の松ぼっくりやたった一匹のテントウムシに「わぁ！」と思う感性です。その感性を、海洋生物学者のレイチェル・カーソンは「センス・オブ・ワンダー」と呼びました。遺作で次のように述べています。

もしもわたしが、すべての子どもの成長を見守る善良な妖精に話しかける力をもっているとしたら、世界中の子どもに、生涯消えることのない「センス・オブ・ワンダー＝神秘さや不思議さに目を見はる感性」を授けてほしいとたのむでしょう。

この感性は、やがて大人になるとやってくる倦怠と幻滅、わたしたちが自然という力の源泉から遠ざかること、つまらない人工的なものに夢中になることなどに対する、かわらぬ解毒剤になるのです。

妖精の力にたよらないで、生まれつきそなわっている子どもの「センス・オブ・ワンダー」をいつも新鮮にたもちつづけるためには、わたしたちが住んでいる世界のよろこび、感激、神秘などを子どもといっしょに再発見し、感動を分かち合ってくれる大人が、すくなくともひとり、そばにいる必要があります。

（レイチェル・カーソン『センス・オブ・ワンダー』より）


「センス・オブ・ワンダー」は森のようちえん関係者が異口同音にするキーワードです。いろいろな森のようちえんがありますが、共通するのは、その関係者が「世界のよろこび、感激、神秘などを子どもといっしょに再発見し、感動を分かち合ってくれる大人」であろうとしていることです。

森のようちえんの教育効果を示すエビデンスらしいものはまだないと内田さんはいいますし、森のようちえんの本質的な価値はエビデンスにはできないと思うのですが、参考として、森のようちえん全国ネットワーク連盟発行の「森のようちえんの世界」という冊子に掲載されているデータを引用します（図3）。

上越教育大学大学院准教授の山口美和さんによる「『森のようちえん』の教育的効果」という研究結果です。森のようちえん卒園生たちと、そうでない園を卒業した小学生を比較しています。山口さんは森のようちえん卒園生たちについて「ポジティブで柔軟な思考を持ち、逆境に強い」「基本的自尊感情が高く、運動能力についての社会的自尊感情も高い」と述べています。

また、三重県による「野外体験保育有効性調査（平成28年3月）」でも、「野外体験保育の実施頻度が高い保育施設ほど、多くの園児に『自分からすすんで何でもやる』『さまざまな情報から必要なものが選べる』『自分に割り当てられた仕事はしっかりとやる』『人のために何かをしてあげるのが好きだ』などの様子が見られる施設の割合が高い」という結果が得られています。

国立青少年教育振興機構による「青少年の体験活動等に関する実態調査（平成26年度調

図3　レジリエンスと自尊感情

		森のようちえん群	既存園群	
ポジティブさ	嫌なことでも時間が経てば自然に忘れることができる	**93.00%**	82.50%	*
ポジティブさ	何事も良い方向に考える	**81.00%**	65.70%	**
ポジティブさ	困った時考えるだけ考えたらもう悩まない	**74.10%**	62.10%	*
ポジティブさ	困ったことが起きても良い方向に考えられる	**81.90%**	63.40%	**
ポジティブさ	嫌なことがあった時でもくよくよしない	**71.80%**	56.90%	*
思考の柔軟性	何かしようと思った時、いろいろな方法を考える	**89.40%**	68.20%	**
思考の柔軟性	自分の間違いを友達から指摘された時、そのことを認めて行動を正しくすることができる	**83.30%**	69.10%	**
自信	自分に自信を持っている	**85.90%**	65.20%	**
社会的自尊感情	運動は得意な方だと思う	**83.30%**	73.60%	*
社会的自尊感情	他の人より運動が下手だと思う	21.20%	**33.20%**	*
基本的自尊感情	何かで失敗した時、自分はダメだなと思う	48.80%	**63.30%**	*
基本的自尊感情	自分はこのままではいけないと思う	21.40%	**37.40%**	**
基本的自尊感情	時々自分はダメだなと思う	38.60%	**52.40%**	*

*p<0.05　**p<0.01

※森のようちえん全国ネットワーク連盟発行「森のようちえんの世界」より

査）」からは、自然体験が多いほど道徳観や正義感が強く、自立的行動習慣が身についており、自己肯定感が高いという結果が読み取れます。

ただし、森のようちえんでの教育や自然体験が直接的にこうした効果をもたらしたのかどうかまではこれらのデータではわかりません。いろいろなことを経験させる教育熱心な親に育てられたからこのような結果になっただけかもしれません。たとえば、「青少年の体験活動等に関する実態調査」によれば、自然体験よりも家庭でのお手伝い経験の多さのほうが、より大きな効果をもたらしているようにも見えます。

いずれにしても、「森のようちえんに通わせると逆境に強くなる」とか「自尊感情が高くなる」などという部分だけがひとり歩きするのはとても危険です。「逆境に強くするために森のようちえんに入れよう」「自尊感情を高めるために森のようちえんに通わせよう」という発想は、内田さんが声を大にして批判した目的志向的教育観そのものだからです。

その点、森のようちえん関係者は「能力を身につける」「○○ができるようになる」「成長する」という表現をなるべく使わないようにしているようでした。代わりに「（その子なりに）大きくなる」という言い方を好みます。含みのあるいい表現だと思います。

幼児教育の本質とは何か？

「『危なくないですか？』と『小学校大丈夫ですか？』が森のようちえんを見に来た保護者からの2大質問なんですよ」と言うのはせた♪森の西澤さん。

「危険」に対しては、「ハザード（冒してはならない致命的な危険）」は排除し、子どもの能力にあわせた「リスク（成長のために必要な挑戦にともなう危険）」を見守るのが多くの園で共通の考えです。

「小学校大丈夫ですか？」という質問に答えるには、森のようちえんを理解してもらう前に、幼児教育の本質を理解してもらうところから始めなければならないと、西澤さんは訴えます。

「昭和の幼稚園は小学校の準備教育のように思われていました。でも、平成元年に幼稚園教育要領が大改訂されました。遊びを通しての保育が提唱され、しかも、大人が遊びを与えるのではなく、自分たちで見つけた遊びじゃないと意味がないと認識されました。これが幼児教育のあるべき姿であり、森のようちえんはそれがとことんできる環境なんです」「小学校大丈夫ですか？」という質問はほとんどの場合、「遊んでばかりで大丈夫ですか？」という意味だと考えられます。でも、**幼児期においては主体的な遊びこそが学びであること**をまず理解してほしいということです。これはモンテッソーリもシュタイナーも訴えていることですし、ホイジンガの『ホモ・ルーデンス』によれば、遊びこそが人類の知能を高め、文明を発展させてきたとのこと。

ちなみに、幼稚園の管轄は文部科学省で、保育園は厚生労働省で、こども園は内閣府ですが、保育の「ねらいと内容」を5領域に分類し、10項目の「幼児期の終わりまでに育ってほしい姿」を掲げていることに関しては、幼稚園でも保育園でもこども園でも現在すべて共通しています（図4）。「幼稚園はお勉強させるところ、保育園は遊ぶところ」というイメージをもっているひとが少なくないようですが、それは大昔の話です。

「ただ、保護者がこれを知らないのも無理はないんです。小学校の先生のなかにも知らないひとが結構いるくらいですから。しかも学校の先生になりたいと思うようなひとは、自身が受けてきた教育を肯定的にとらえ、学校のあり方や教育とはなんぞやという部分に疑いをもたないひとが多い。ともすれば、教師が教える、導く、何なら管理してでもそれを

図4 「保育の5領域」と「10の姿」

保育の5領域

- 健康
- 人間関係
- 環境
- 言葉
- 表現

10の姿

- 健康な心と体
- 自立心
- 協同性
- 道徳性・規範意識の芽生え
- 社会生活との関わり
- 思考力の芽生え
- 自然との関わり・生命尊重
- 数量や図形、標識や文字などへの関心・感覚
- 言葉による伝え合い
- 豊かな感性と表現

するのが学校の役割だと思い込んでいる可能性すらあります。行政に理解してもらうのにも時間がかかります。表面的ないいところから入るんです」（西澤さん、以下同）

「何ができるようになるのか」「どんなスキルが身につくのか」「将来何の役に立つのか」という表面的にわかりやすい部分を期待されてしまう。でも、遊んだ結果としてさまざまな力を身につけるのであって、〝○○力〟のようなものを身につけるために自然遊びをするのではないと、西澤さんは口を酸っぱくしてくり返します。

たとえば「ソーシャルスキル」を身につけさせるために集団遊びをさせようなどと大人が意図した瞬間に、それは本当に子どもの心

を震わせる遊びではなくなり、子どもたちは遊ばされている状態になります。形式上同じような遊びをしていても、それでは本来得られたであろうものが得られなくなります。さらには、「せっかく集団遊びをしているのにソーシャルスキルを身につけられないこの子たちはダメな子だ」と見なされるようになるのです。

また、森のようちえんでの活動は、5領域のすべてをバランス良く含んだものなのに、「環境領域に偏りすぎだよね」とも思われてしまいやすい。おっとりとした口調の西澤さんからも、もどかしさがにじみ出ます。

「教育には不易と流行があると思います。流行を端的に表すものにOECDのEducation2030プロジェクトがあります。環境・経済・社会が急激かつ本質的に変化する時代、複雑で不確かな世界を歩んでいくために、新たな価値を創造する力、対立やジレンマを克服する力、責任ある行動をとる力などが求められているという認識です。自分たちでルールをつくって、自分たちの力で社会は変えていけるんだというのを当たり前にしていきたい。それを森のようちえんではやっています。不易の部分は、『人間は自然から離れたらあかんやん!』みたいな。人類学的にも脳科学的にも、狩猟採集生活が圧倒的に長いねん、みたいな」

私にいわせれば、「流行」の部分もそんなに大げさなことではありません。嵐のような変化に対応するにはやっぱり根っこが大切です。少なくとも中高生くらいまではしっかりと根っこを張る時期です。幼いころから「流行」に振り回される教育をしていたら、根っこなんて育ちません。これはさまざまな教育現場を訪れ、さまざまな教育者と対話した経験からくる確信です。

西澤さんによれば、「森のようちえんでここまで育ててくれたことを、いまの小学校ではなかなか発揮させてあげられない」と嘆《なげ》く小学校教員もいるとのこと。要するに、森のようちえんで育ったものを、現在の小学校教育では生かしきれていないという自覚がある先生も多いようなのです。

だとすれば、いくら森のようちえんが教育要領や保育指針どおりの保育をしているのだとしても、小学校の〝現実〟とどう向き合えばいいのかという問題は消えません。

本来であれば「そこは小学校のほうでなんとかしてください」という話ではありますが、改善はほぼ望めないわけです。

「ながら幼稚園」園長・渡邉《わたなべ》玲《りょう》さんは、次のように指摘します。

「公立小学校では、小1プロブレムや不登校の問題が看過《かんか》できない状況にあります。考えられる理由は、一斉指導に対する不適応」

管理教育の枠組みになじめない子が一定数いるということです。

「森のようちえんのようなところで豊かな経験をして心に余裕があれば、多少画一的な小学校教育が始まっても、むしろいい意味で対応できるんじゃないかと思っています」

これは森のようちえんのゆるさを前向きにとらえた発言です。ゆるいから適応できないのではなく、むしろゆるいからこそ適応できるのではないかという逆説です。

「一方で、授業が始まっているのに教室内をぷらぷらと歩き回ってしまうような子は確実にペケと見なされてしまうのが公立小学校の現実です。最初にそういうレッテルを貼られてしまうとそういう自己像が刷り込まれてしまって、本人もそのあとずっと苦しむことになります。そのリスクは甚大なので、長いものに巻かれてしまっている感は否めないですが、やっぱり着席して前を向いて先生の話が聞けるようにはしておきます」

背に腹は代えられないということです。

ながら幼稚園は私立の認可幼稚園です。普段は園舎と園庭ですごしますが、月に数回だけ野外活動を取り入れている、いわゆる「融合型」の森のようちえんです。保育活動に森のようちえんのゆるさを一部取り入れて、本質的な環境適応力はできるだけ養成しておきながら、一方で小学校の予行演習までは幼稚園ですませておこうという発想です。

「親御さんたちも自由にやらせたいと頭では思っていますが、小学校で先生やまわりのお友達とうまくやっていけるかという不安も抱えていますから、その両方に応えていくことが私たちの使命だと思っています」

保護者の不安に対して、西澤さんは幼児教育の本質を説いて安心させる。渡邉さんは幼稚園で予行演習することで、現実的な安心感を保護者に与える。そういう違いだととらえられます。

森のようちえん付属小学校も誕生

既存の小学校に問題があるのなら、小学校をつくっちゃえばいいじゃないかという発想もあります。いわば森のようちえん付属小学校開校の動きです。

鳥取県智頭町《ちづちょう》を拠点にする「智頭町森のようちえん まるたんぼう」（以下、まるたんぼう）の代表・西村早栄子《さえこ》さんは2015年4月、智頭町の新田《しんでん》地区に「新田サドベリースクール」を開校しました。新田サドベリースクール誕生の物語は『屋根の上に吹く風は』という題名で映画化もされています。

サドベリースクールとは、アメリカのマサチューセッツ州にある「サドベリー・バレー・スクール」という学校の理念に共感し、その教育理念に準じた教育を行う学校のことを指します。

サドベリー・バレー・スクールをひと言でいえば、究極的に自由な学校。カリキュラム、ありません。時間割、ありません。学年、クラス、ありません。そもそも先生だとか授業だとかいう概念すらない。いつどこで何をするのかは子どもたちが決めます。何かを学びたくなったとき、それを知っているひとにお願いして、約束して、そこでようやく授業が始まります。

これなら森のようちえんとの小1ギャップの心配もありません。が、察しの早いひとは気づきますよね。「中学校大丈夫なの？」と。

西村さんには2人の子どもがいます。お兄ちゃんは、新田サドベリースクールに通いながら塾ナシで中学受験に挑み、自由な校風で知られる青翔開智《せいしょうかいち》という私立中高一貫校に見事合格しました（しくみとしては22歳まで新田サドベリースクールに在籍可能）。入学当初こそ成績はビリっけつでしたが、「授業が面白い！」と言っているうちにみるみる成績は向上。中学3年生の現在では学年順位一桁に入る優等生になりました。ちなみにお兄ちゃんのまるたんぼう同期7人のうち4人が青翔開智で同級生になったそうです。

「自分で勉強する大変さをサドベリーで経験しているからこそ、授業が面白いと感じられるのかなと思います」と西村さん。下のお嬢ちゃんも現在新田サドベリースクールで学んでおり、こちらは塾にも通いながら中学受験に挑戦する予定です。

中学受験との関連でいうならば、第一章で登場した森の風の嘉成さんも「うちの卒園生から4人も、名古屋の東海中学に進学しています」と言っていました。東海中学校・高等学校は、東大・京大・国公立大学医学部合計合格者数で、全国でも三本の指に入る超進学校です。

森のようちえんに通っていたからというわけではないでしょうが、少なくとも森のようちえんに通ったからといっていわゆる〝お勉強〟の分野で不利になることはなさそうです。

第二章に登場した森わらの浅井さんは、せっかく森のようちえんで育っても、普通の小学校に行くとその子らしさが曇《くも》っていくことを残念に思い、やはり自らオルタナティブスクール「森のわらべ大地組スクール」をつくってしまいました。

「幼児期よりも知性が高まるぶん、その子らしい個性がますます輝いて、その子らしさの純度が増すように見えます。幼児期だけでやめてしまうのはもったいなさすぎます！」と浅井さん。

ちなみに、新田サドベリースクールも森のわらべ大地組スクールも、文部科学省が認める学校ではないので、形式上、公立小学校に籍を置くことになります。文部科学省認可ではないインターナショナルスクールに通うのと似たようなしくみです。

せた♪森の西澤さんは、「大津市北部に、区域外からも通える大津市立葛川《かつらがわ》小中学校という非常にユニークな小規模特認校があります。うちの卒園生たちとの相性がとってもいいんです」と教えてくれました。大津市の複数の森のようちえんから葛川小中学校に進学するルートができそうだとのこと。

森のようちえんから、小学校へ、中学校へと、下から上への教育改革が、じわりじわりと進んでいるのを感じます。まるで大地にしっかりと根を張った森のようちえんが、上へ上へと枝葉を伸ばしていくようです。

第四章　「きょうしつ」って何？

森を揺るがす幼児教育・保育無償化制度

どしゃぶりだってかまわない

「滋賀県営びわこ文化公園」前のバス停で降りて、集合場所に到着するまでのたった数百メートルですでに雨具の中までずぶ濡れになりました。こんな状況でも、「せた♪森のようちえん」（以下、せた♪森）の子どもたちは外で遊びます。

9時、色とりどりの雨具に身を包んだ子どもたちが続々と集合し早速、スタッフと豪快な水の掛け合いを始めます。その脇では、リュックに詰めた着替えを確認するお母さんが「何これ！」と絶叫。何日前のものかわからない、見てはいけないものを発見してしまったようです。なかなかカオスな一日の始まりです。

朝の会は、東屋《あずまや》の屋根の下で、絵本の読み聞かせから始まりました。いつもは子どもたち主体で話し合いますが、この日は誰も仕切ろうとしません。雨の中でのこの先のことも考えて、スタッフが進行役を引きとります。

一人ずつ名前を呼んで、「どうですか？」と尋ねると、「うんち！」と応えるハイテンシヨンな子も。「それ、どういう意味ですか?」と丁寧に聞き返すと、「元気って意味!」とのこと。すると別の子が「うんち、げんき、100倍!」とまとめてくれました。ええっと、なんか正しい気もします。

その横ではすでに早弁してる子も。アルミのちっちゃなお弁当箱から、ハムとキュウリが入ったのり巻きを取り出して、むしゃむしゃ食べながら会に参加しています。いつでも好きなタイミングでお弁当を食べていいことにはなっていますが、お昼におなかが空いちゃったらどうするんでしょうか。

17人の子どもたちに対してスタッフは6人。雨ということもあり、いつもより少し多めにスタッフが集まったようです。せた♪森のスタッフは、ほぼ全員が保育の有資格者です。代表の西澤彩木さんが子どもたちに尋ねます。

「今日はどこで遊びたい?」

とりあえず目の前の原っぱで遊ぶことになりました。普段だとグラウンドゴルフを楽しむ方々が集う場所ですが、どしゃぶりでは誰もやってきません。

公園全体がなだらかな丘陵《きゅうりょう》になっており、集まった雨水がどーっと流れ出る排水溝の出口もあります。子どもたちはそこを「おんせん」と呼んですすんで全身ずぶ濡れになります。スタッフも負けてません。子どもたちといっしょになっておんせんに浸かります。全員、ものの数分で、おそらくパンツの中までびしょびしょです。

整備された都市公園ではあるのですが、容赦のないどしゃぶりが、子どもたちの野性を刺激します。長靴を脱いで素足で駆け回っている子が大勢。むしろ長靴は、バケツとして使用されていました。

飽きることなく、2時間ほど遊んだでしょうか。その間に、原っぱの横を流れていた用水路はみるみる増水。かかっていた橋は水没しました。

気温もさほど上がらないなか、ちょっと遊ぶのをやめるととたんに寒くなります。難破船から海に放り出されて救助された船員のような状態で震える子どもたちは、なんとか自力でお着替えして、公園の奥に移動します。

移動しながら子どもたちがいつもの遊び場を教えてくれます。「あぁ、黄金池があふれてる！」。人工的に造成された池ですが、いまではたくさんの水生生物が暮らすビオトープになっています。「森の奥」と呼ばれる場所は彼らの普段の本拠地。のっぽな木々が子どもたちを見守るように囲んでいます。

公園の中央部にある比較的大きな東屋の軒を借りて、なんと歯科検診が始まりました。

歯科医院を営む保護者による「森のはいしゃさん」です。

歯科検診の順番を待つ年長さんたちは、その間、森の奥に行ってちょっとだけ遊びます。いつもはほとんど水がない小川も、この日は激流と化しています。

「ダムつくろう！」ということになりました。大きめの石をそれぞれに持ち寄って川をせき止めます。「長靴が船になるよー」と言って、自分の長靴を川に流しちゃう子もいます。

ちょっとすると、ダムづくりに飽きた数人が「黄金池を見に行きたい」と言い出しました。スタッフの一人が「じゃあ、みんなに聞いてみよう」と声をかけ、意見を聞きますが、まとまりません。スタッフはさらに「私から提案していいかな？」と切り出します。結局2班に分かれて行動することになりました。

スタッフの口調からは、本当は時間をかけて自分たちで結論を出すのを待ちたいところ、歯科検診まで時間がないのでやむを得ず仕切らせてもらったという心境が伝わってきますが、子どもたちは、それはそれで納得の様子でした。

そろそろ歯科検診の順番です。東屋に引き返そうときびすを返したときのことでした。西澤さんが「あっ！」と思わず声を上げると、その視線を追った子が、電光石火で草むらに飛び込みます。草イチゴでした。まわりの子たちも続きます。パクパク。これから歯科

大人たちも負けじとずぶ濡れになる

「森の奥」でダムづくりの作戦会議中

検診なんですけどね。

西澤さんは、大阪の私立幼稚園や滋賀と東京の国立大学付属幼稚園でキャリアを重ねたのち、森のようちえんに魅せられ、全国の森のようちえんをめぐる旅に出ました。

自分でも森のようちえんをやりたいと思っていた矢先、生まれ故郷の大津市の県営びわこ文化公園で開催されたプレーパークの全国イベントで、プレーパークメンバーと、公園の里山保全をしているボランティア団体「森の風音《かざおと》」と、公園で自主保育をしているお母さんグループとに出会います。森のようちえん開園に必要なものが、すべてそろっていました。

2012年、任意団体としてせた♪森を始めます。休耕田を借りて、米づくりも始めました。私が訪れたこのどしゃぶりの日の前日は、晴れ渡る青空の下、みんなで田植えをしたそうです。西澤さんの私有地ではヤギを飼っており、そこも活動拠点の一つになっています。

いまでは周辺の森のようちえんとのネットワークを形成し、それが全体として「びわ湖の森のようちえん」と呼ばれるまでに発展しました。正確にいうと現在は、「びわ湖の森のようちえん」という一般社団法人の一事業としてせた♪森は運営されています。

西澤さんの森のようちえん全国行脚《あんぎゃ》レポートは『森のようちえん　自然のなかで子育てを』（今村光章編著）に収録されています。せた♪森での実践とそこに込める教育観は、共著書『森のようちえんの遊びと学び』につづられています。さらに西澤さんはいま、小学校との連携など、公教育や地域を巻き込んだ大きなうねりをつくりだそうとしています。**草の根の教育改革**です。

森のようちえん旋風を起こした伝説の園

西澤さんが森のようちえんと出会い、最初にカルチャーショックを受けたのが鳥取県智頭町にある「智頭町森のようちえん　まるたんぼう」でした。

林業に従事していた西村早栄子さん夫婦は、豊かな森に誘《いざな》われ、智頭町に移住しました。デンマークの森の幼稚園を知っていた西村さんは、2008年3月に「智頭町に森のようちえんをつくる会」を結成します。そして、町おこしのために始まった「智頭町百人委員会」でビジョンを訴え、予算化にこぎつけるのです。

これが注目され、山陰中央テレビが「自然のふところで〜森のようちえん　まるたんぼう流〜」というドキュメンタリー番組を制作します。その番組がなんと「ギャラクシー賞」を獲得し、2012年には全世界で放送されました。

同年、NHK鳥取放送局による番組も全国放送されました。NHKの番組を制作したディレクターの大木義之さんは「理屈をこねるよりも、森で遊ぶ子どもたちの主体性のすばらしさや感受性の豊かさをストレートに伝えようと思いました」と当時を振り返ります。実際、子どもたちのいきいきとした表情は、視聴者の胸をキュンキュンさせるものでした。その後、新聞・雑誌などの取材が相次いだことは言うまでもありません。

2014年には写真集『鳥取県智頭町　森のようちえん　まるたんぼう』が発行されています。保育スタッフが撮影した写真がほとんどのはずですが、あふれ出る躍動感は圧巻です。これを見たら、誰もが森のようちえんの虜《とりこ》になってしまいます。

2015年、鳥取県は全国に先駆けて「とっとり森・里山等自然保育認証制度」を設けます。県としても、森のようちえんを全面的に支援・アピールすることにしたのです。

つまり、まるたんぼうは、現在の森のようちえん旋風の発信地といっても過言ではありません。

西村さんは、「まるたんぼうは『本気の森で本気で遊ぶ』をキャッチコピーにしています。ワイルドなフィールドをぜひ見に来てほしい」と誘ってくれました。

結論から言います。今回取材した森のようちえんのフィールドのなかでは、まるたんぼうのフィールドが間違いなく最もワイルドです。

ここまで道なき道を行く森のようちえんはほかにありませんでした。スタッフのまりまりは「ときどきほかの森のようちえんと合同でおさんぽ会をすることがあるのですが、おさんぽの仕方が違ってびっくりすることがあります」と証言します。おそらくびっくりしているのは向こうのほうでしょう。

また、たまたまだとは思いますが、今回まるたんぼうで歩いた森は、主に針葉樹林でした。その他の森のようちえんのフィールドは、里山的な雑木林でした。

雑木林には優しさを感じます。でも針葉樹林の中では厳しさを感じます。第一章で、森の風の嘉成さん親子と交わした会話を思い出してください。ドングリやカブトムシだらけの森と、そうではない森の違いです。

道なきところに自分の道を見つける力

９時、町の広場で集合して園バスで森に向かいます。森の縁《ふち》で朝の会。参加者は10人です。スタッフのやまちゃんがぽろりんとギターを弾《ひ》いて子どもたちの歌と動きに効果音をつけます。やまちゃんは生粋の智頭町男児です。

結構あっさりと朝の会を終えて、いきなり森の中に分け入ります。道なんてありません。「岩に行こう」という申し合わせだけあって、あとはスタッフの目の届く範囲で子どもたちは木々の間の好きなところをそれぞれに歩きます。足を滑《すべ》らしたらどこまでも転がり落ちてしまいそうな結構な斜面を横切るときも、特に怖がる様子もなく、駆け抜けるように進んでいきます。雨は降っていませんが、全員長靴。マムシ対策です。

10分ほど行くと、巨岩が鎮座する沢に出ました。子どもたちは急な斜面をものともせず、それぞれに自分でルートを選んでバラバラに川まで降りていきます（133ページの章扉写真参照）。他人のことなんて気にしないで、自分の進むべき道は自分で選ぶ態度が、当たり前のこととして子どもたちに染みついているのです。

「選ぶ」といっても、意識的に思考して選んでいるわけではありません。目の前の状況を瞬時にスキャンして、自分の目的と能力との兼ね合いから、**自分の通るべきルートが自《おの》ずと浮かび上がってくる能力**が備わっているのだと思います。

人生といっしょだと思いました。かつては「ここを通っていればまず安心」という〝王道〟が存在した時代もあったのかもしれません。いい学校を出ていい会社に入って問題を起こさずに大人しくやっていれば、マイカーが買えてマイホームが買えて子どもを大学まで通わせることができて……みたいな。でもこれからの社会では、そういう道筋はなくなるので、自分らしい道を自分で選ばなければいけなくなります。それって、森の中の道なき道を行くのとまったく同じですよね。

単なるたとえ話ではなくて、幼いころから森の中を歩いていると、人生においても自分で自分の進むべき道をさっと見出す能力が身につくのではないかという気がします。

同様に、幼いころから自分で遊びを見つける経験をたくさんしていると、大人になっても自分のなすべきことを自分で見つけられるひとになるのではないでしょうか。幼いころから、火や刃物や高所などの危険との付き合い方を学んでおけば、大きくなってから、たとえばインターネットや最新の科学技術がもつリスクについても敏感に察知して、適度な

道なきところを好きなように進む

距離感で利用することができるようになるのではないでしょうか。

もちろんそんなに単純な話ではないでしょうが、あながち的外れでもないような気がします。

また、まるたんぼうでは、子どもがどこかにリュックを忘れていても、スタッフは教えません。ずーっと先まで歩いて「あれっ？ リュックがない！」と気づいたら、結局いっしょに戻ってあげなければいけないのですが、それを覚悟のうえで、本人が気づくまで様子を見守ります。そうなる前に、たいていお友達が気づいてくれるのですが。

2012年放送のNHKの番組でもそういう場面がいくつか映し出されていました。子ども同士が喧嘩をしていても、スタッフは目の前にいるのに、ほとんど反応せず静かに見守ります。代わりに年長さんが仲裁《ちゅうさい》に入っていました。

喧嘩をしても転んでも、本人たちの自ら解決する力を信じて待つのが保育の基本です。

ただし、ほかの森のようちえんでよく目にする距離感は、こうです。事件現場からちょっと離れたところにいるようなら、子どもたちに気づいたことを気づかれないようにして視界の端でそっと見守ります。目の前で事件が起きたら、事件には気づいていることを明らかにしたうえで、自分たちでなんとかしなさいという表情をします。

でもまるたんぼうのスタッフは、目の前にいても気づいていないふりをします。微妙な差ではありますが、子どもが受け取るメッセージはだいぶ違うと思います。

私とまりまりが巨岩の下で話し込んでいると、友達から「鼻血出てるよ」と指摘された子が近寄ってきて「ティッシュもってない？」と言いました。私は本当はティッシュをもっているのですが、まりまりの反応を見ました。まりまりはないと言います。その子は目をしばしばとまばたきします。まだ入園したばかりの子で勝手がわからないようです。

鼻血はすでに止まって固まっています。でも、鼻の中がむずむずして気持ち悪いのでしょう。「鼻血をとりたいんだけど……」と言われても、まりまりは「ふーん、鼻血をとりたいんだぁ」とくり返すだけです。困ったその子は私を見ましたが、私も「ごめんね、ないんだ」と言いました。嘘ですから、ちょっと心が痛みました。男の子はあきらめて行ってしまいましたが、結局、固まった鼻血が混じった鼻水を袖《そで》で拭《ぬぐ》っていました。自分なりに考えたんでしょう。

ちなみにそのあとその子はやまちゃんのところに行ってティッシュをゲットしていましたので、まりまりの対応がまるたんぼうとしての統一見解ではありません。でも、全体的に結構こういうドライな距離感なのです。

ここで思い出してほしいのが、第三章で紹介したとおり、まるたんぼうの付属小学校がサドベリー教育を選択しているという事実です。イエナプラン教育でもフレネ教育でもなくサドベリー教育を選びました。アメリカ的個人主義を突き詰めたような、最も大人がお節介を焼かない教育スタイルです。日本の土着の文化とはだいぶ違うのですが、それがまるたんぼうの流儀に近いのでしょう。

まるたんぼうを見学して、日本の森のようちえんの一つの「極《きょく》」だなと感じました。

ヨーロッパの森の幼稚園との共通点

沢をあとにして、さらに森の中を進みます。もうどこから来てどこに向かっているのか、私にはさっぱりわからなくなりました。いまみんなとはぐれたら遭難です。でも、子どもたちには自分たちの現在地がちゃんとわかっているのだそうです。まりまりが言います。

「イベント的に森のようちえんをやることと、うちみたいに毎日森の中ですごすことはやっぱりぜんぜん意味合いが違います。私は東京からの移住組なんですけど、最初にここで体験イベントに参加したときに先輩のお母さんに言われたんです。体験と毎日とではぜんぜん違うよって。実際に入ってみたらそのとおりだなと思いました。子どもたちはこの森の全体を把握していて、遭難なんてしません。すごくないですか？」

子どもたちの小さな頭の中に、この広大な森の全体が、収まっているのです。

子どもたちは草木のこともよく知っています。「あ、ここにマムシの葉っぱがあるから気をつけて」と子どもが教えてくれました。汁がつくと皮膚がただれてしまう毒草です。「あ、カタバミあった！」と言ってむしゃむしゃ葉っぱを食べた子もいます。「これ、すごくいい匂いがするよ」と言って、手で揉《も》んだ草を嗅がせてくれた子もいます。爽やかな香りでした。

まりまりが次から次へと教えてくれるエピソードもいちいち笑えます。

「入園したてにやたらと知識を教えたがる子がいたんですけどね、図鑑とかの知識なんですよ。『それ、毒があるって図鑑に書いてあった』とか言うんですけど、たくさん食べたらおなかを壊すだけだって、みたいな。アオダイショウ見つけて、『アナコンダかもしれない！』とか大騒ぎして。まあみんな正しい知識があるんで動じませんけど」

まりまりの痛快毒舌トークを聞きながら歩いていたらいつの間にか森を抜けて、舗装された道に出ました。今日は週一回の給食の日なので、西村さんの持ち山の広場まで道に沿って歩きます。

途中でやまちゃんが「イチゴがあるぞ！」と、この日いちばんの大きな声を出しました。山イチゴがたわわに実っていました。みんな駆け寄って競うようにほおばります。そのときの子どもたちの表情はお猿さんそのものです。うれしそうな顔とかではなくて、夢中すぎて無表情になるんです。子どもってやっぱり原始人なんだなあと感心していると、スタッフのたこちゃんも、子どもたちとまったく同じ顔をして食べていました。

でもなかにはリュックからお椀《わん》を取り出して、そこにイチゴを収穫し、うまくとれないお友達に分けてあげる子がいます。かなり文明人です。

私はそこで油断して、見学者としてのミスを犯しました。思わず「すごい。お椀を使うんだ」と独り言を言ってしまったのです。それを聞いた子どもの目が光ります。するとまわりの子どもたちもお椀を取り出しました。隣にいたやまちゃんが教えてくれました。

「『すごい』って、つい言っちゃうんですけど、そうすると、**それまで自分のためにやっていたことが、大人のためにやる行為に変わっちゃうんですよねぇ**」

おっしゃるとおり。ごめんなさい。

そうこうしながら、給食を食べる広場に到着しました。広場の好きなところで食べていいルールです。ちなみに普段お弁当の日は、各自好きなタイミングで好きなところで食べていいことになっています。遊びに夢中で最後までお弁当を食べるのを忘れてたなんてこともしょっちゅうだそうです。

12時20分、給食が行き渡り、それぞれの場所で準備ができると、子どもたち同士で「みんなそろいましたか？」という声をかけ合って、「ありがと、ありがと、ありがと……」みたいな短い歌を歌ってから「いただきます！」となりました。

そこですかさずまりまりが毒舌解説します。

「これね、何年か前から子どもたちの間で始まったんですけど、私はあんまり好きじゃないんですよね。学校ごっこみたいでね。子どもたちがやってるのでわざわざ止めたりはしませんけど。朝の会にしても帰りの会にしても一斉に何かやるってちょっと気持ち悪いじゃないですか」

そうは言いつつ、逆にまわりから驚かれることもあると、まりまりはちょっと自慢げに言います。

「町長も来た式典にほかの保育園の子どもたちといっしょに参加したときには、私たちは何も教えてないのに、『私から行くね』とかいう感じで子ども同士目で合図を送りあって、まわりの状況を見ながら見よう見まねできちんときれいに歩いて、礼をしたり記念品をもらったりして、ピシッとしてました。出るところに出ると、できる子たちなんですよ」

それも道なき道を行くのと似ているのかもしれません。瞬時に状況を把握して、自分なりの正解を見出す判断力がものをいったのではないでしょうか。

「入園式とかではみんなちゃんと座ります。初めて見た保護者や来賓《らいひん》に驚かれますね。森の中で毎日すごしているってことで、『そういうのはきっとちょっと無理だよね』みたいな先入観をもたれますからね」

そういうときには子どもたちにもいつもとは違うきれいな服装をさせるそうです。それが子どもたちのモードを変えるスイッチになっているのかもしれません。普段から森以外の場所では汚れていない服に着替えます。

「ようちえんのあとにスーパーに買い物に行くときなんかも、いちど家に帰って着替えてから行きますよ。**山の中と町の中とではやっぱりモードを変えたい**じゃないですか。まるたんぼうのご家庭は、みんな山の中の服装と町の中での服装を使い分けてると思います」

そこでピンときました。まるたんぼうは、ヨーロッパ的なんです。第一章で述べたとおり、ノルウェーでは、平日と週末、町と森、日常と非日常を、ON／OFFのようにはっきりと区別して暮らしていました。まるたんぼうのスタイルも、その点では似ています。

食後は広場で遊びました。高〜い木から長〜いロープをぶら下げたブランコがあったり、近くからとってきた粘土でつくったかまどがあったり、ログハウスがあったりします。

ずっとスコップで穴を掘っている子もいれば、ナイフやナタを使って木の枝を削っている子もいます。それぞれリュックの中にはマイナイフを持っています。ナタは家庭の判断で持たせるか持たせないかを決めます。

広場の一画に、よれよれのネットで囲まれた半畳くらいの場所があります。子どもたちの何人かがやってきて「まだ芽が出てないね」と嘆いていました。ダイコンの種をまいたそうです。まりまりが補足します。

「昔はちゃんとした畑やたんぼがあったんですけど、田植えとか収穫とかそういうおいしいところだけやるのはなんか違うよねってことになって、やめました。ああいうのって、毎日の積み重ねじゃないですか。森の中での毎日の積み重ねがまるたんぼうなので、農業体験なら、どこかの農家にお願いして個別にやらせてもらえばいいですから」

やはり里山のようちえんとのスタンスの違いが明確です。２０１４年発行の写真集には田植えの写真もありましたが。

「写真集のころとは園の雰囲気もだいぶ変わっています。あのころは森で何をするのかを割と大人が仕切ってましたし、大人が子どもたちの中に入って盛り上げたりもしてました。だから写真にも臨場感があると思います。でもいまは一歩引いたところから見守るようにしてるので、ああいう写真はなかなか撮れません。大人のかかわりを減らしたぶん、子どもたち同士の縦の継承が増えています」

14時ごろ、たこちゃんが絵本を読み聞かせたあと、園バスで広場に戻って解散です。午後も託児がある子どもは、古民家に移動します。

東京から移住してまだ3カ月というお母さんがお迎えに来ていました。まるたんぼうを目的としての移住です。まるたんぼうができてからの10年ちょっとの間で、56世帯214人がまるたんぼうを目的に智頭町に移住してきました。智頭町の総人口は約6700人ですから、町おこしとしての効果は大きい。

でも逆に「地元のひとたちからは移住者相手のサービスのように見られてしまっている感じもある」と西村さんはもらします。せっかく全国に名を轟《とどろ》かせた森のようちえんがあるのに、「地元のひとたちのほとんどは普通の幼稚園や保育園を選択する」と、鳥取市出身のたこちゃんも言っていました。

地元のひとたちからしてみれば、「なんでわざわざお金を払って裏山で遊ばせなきゃいけないんだ？」ということかもしれません。

西村さんは「森のようちえんに心底惚れ込んだので、認知が広がることはうれしい。でもそのぶん運営面では苦戦中です」とも告白します。鳥取県内に森のようちえんが急激に増えて、そのぶん園児が集めにくくなっているというのです。現在のまるたんぼうの園児数は、最盛期の3分の1です。

さらに2019年から始まった幼児教育・保育無償化制度以降、保護者のカラーが変わったとのこと。もともと鳥取県には独自の補助金制度があり、県民であれば保育料の補助を受けられました。しかし全国的に無償化が始まって、県民以外でもまるたんぼうを安く利用できるようになりました。その結果、県外から通ってくる共働き家庭が増えたというのです。通園可能エリアが拡大するのはうれしいことですが、「客層」が変化すれば、まるたんぼうに求められるものが、少しずつ変化する可能性もあります。

無償化制度が森のようちえんの逆風に!?

幼児教育・保育無償化制度は、森のようちえん業界全体に少なからぬ影響を与えています。端的にいうならば、制度ができてから、森のようちえん利用者が減少傾向にあるのです。無償化の対象にならないケースがあるからです。

まず制度の概要をできるだけ簡単に説明します。

幼稚園（文部科学省管轄）、保育所（厚生労働省管轄）、認定こども園（内閣府管轄）を利用する3～5歳児の利用料が無料になります（ただし幼稚園の場合は月額上限2・57万円のところもある）。0～2歳児に関しては住民税非課税世帯が対象。市町村から「保育の必要性の認定」を受ければ、幼稚園の預かり保育利用料金も、認可外保育施設の利用料金も、上限金額内で補助されます。

認定区分は、1号＝教育を希望する3～5歳児、2号＝保育を必要とする3～5歳児、3号＝保育を必要とする0～2歳児（図5）。

図5　認定区分概略

1号認定	2号認定	3号認定
教育を希望する 3～5歳児	保育を希望する 3～5歳児	保育を必要とする 0～2歳児

「保育を必要とする」とは主には共働きであることを指しますが、産前・産後や保護者の疾病・障害なども含まれます。

当初の政府案では、認可外保育施設（国の認可を受けていない施設、届出保育施設ともいう）は無償化の対象外でした。自動的に、森のようちえんのほとんどは無償化対象外でした。「保育施設をふるいにかけて、幼児教育を国がコントロールしようとしているんじゃないかとすら勘ぐりました」とは全国ネットワーク理事長の内田さん。

ちなみに、２０１８年に全国ネットワークが「幼稚園、保育所、認定こども園以外の無償化処置の対象範囲等に関する検討会」に提出した資料によれば、アンケートに回答があった96の森のようちえんのうち、45％が2・6～3・6万円、44％が3・6～5・0万円に保育料を設定しています。

幸い、森のようちえん以外の保育の現場からも「不平等」の大合唱が起こり、無償化の範囲は大幅に拡大されました。

これを機に、地方裁量型認定こども園という比較的間口の広い制度を利用して、認定こども園になった森のようちえんもあります。本書に登場したなかでも、長野県のみっけ、埼玉県の花の森が該当します。三重県の森の風は、社会福祉法人格を取得し、保育所型認定こども園として生まれ変わりました。現在これら3園の園舎が新しいのは、こども園としての基準を満たす園舎を新たに設けなければならなかったからです。

また、東京都のまめのめは、無償化を機に、認可外保育施設としての届け出を日野市に提出しました。まめのめはずっと任意団体として活動しており、認可外保育施設としての事業届けすら出していなかったのです。「書類を持っていったら、役所のひとに『ようやく来たか』という顔をされましたよ」と代表の中川さんは笑います。

鳥取県、長野県、広島県などのようにもともと独自の自然保育認定制度をもっていた自治体では森のようちえんもスムーズに無償化の対象とされましたが、そうでない地域にある森のようちえんでは、独自に行政に働きかけなければならないケースもありました。

埼玉県の花の森の葭田さんは秩父市にかけあい、2017年に「ちちぶ定住自立圏自然保育認証制度」の設立にこぎつけました。滋賀県のせた♪森の西澤さんらは森のようちえん関係者で結束して行政に働きかけ、2020年に「しが自然保育認定制度」設立を実現しました。森のようちえんが行政を動かしたのです。

岐阜県では森わらの浅井さんが奔走しました。これからはハードではなくソフトにお金をかける時代だと浅井さんは考えているので、園舎をもっていませんでした。でもそれでは認可外保育施設には認められないと。しかも、仮に園舎があったとしても、園舎の中での保育を基本としなければ認可外保育施設とは認められないと。

そこで浅井さんは、自分たちの活動実績やその意義をねばり強く行政に説明し、結局「園舎は必要だが、活動の実態が森でもいい」という岐阜県独自の手引きの策定にこぎつけました。

園舎も借りられたので、これで施設としての条件はそろうのですが、まだ問題が残っていました。保育の必要を認定されないいわゆる専業主婦家庭が無償化の対象外であることに変わりなかったからです。それでは同じ園の中に、無償の利用者と有償の利用者が混在することになります。森のようちえんでは保護者同士の協力も不可欠ですから、不公平感はのちのちのリスクとなります。

そこで浅井さんが考えたウルトラCが「起業」でした。専業主婦の利用者に、起業を勧めたのです。コロナ禍ということもあり、世の中のお金の回し方にも「命」に対する母性的な視点が必要だという思いもありました。母親たちにとっては、自分の生き方を見つめ直すきっかけになりました。結果的に多くの母親たちが起業し、保育の必要性を認定されました。

行政にダメと言われても道なきところに道を通してしまうのは、森のようちえんの住民ならではのふるまいのように感じます。こういうしぶとい大人たちの存在は、子どもにとって、たくましく生きる手本となるのではないかと思います。

一方で、立派な園舎を構え、国や自治体からの助成金を受け取るために定期的に監査も受けるとなると、森のようちえんの定住化が進む危険性もあります。制度をうまく利用することは大切ですが、制度に縛られるようでは森のようちえんの自由度が失われます。「もし行政が森のようちえんの理念を損なう要求をしてくるようなら、助成の対象から抜ける覚悟はあります」と、森わらの浅井さんは胸の内を明かします。

子どもに園を選ばせることは可能か？

もし具体的に森のようちえんへの入園を検討するなら、全国ネットワークのウェブサイトから、会員リストを見ることができます。会員になっていない森のようちえんを探すなら、地域の子育て支援センターなどに情報があるかもしれません。そのうえで、どうやって吟味《ぎんみ》すればいいか。

全国ネットワーク副理事長の関山さんは、**代表の話を直接聞くことが重要**だと言います。関山さんが経営する園の説明会では、必ず関山さん自らが1時間くらい話をするそうです。「ちょっと覗いてみるくらいのつもりで来た保護者には苦痛かもしれないですけどね」と苦笑いします。

全国ネットワーク理事長の内田さんは、実際に見学してみて、**自分の子育て観と照らし合わせてみて、しっくりくるかどうかが重要**だと説きます。

「自分が自分の子育てをするんだから、自分が納得できないとダメですよ。本やネットで調べたりすると頭でっかちになりますが、園をいくつか見れば自分の勘所が見えてきます。森のようちえんじゃなきゃいけないなんてことはぜんぜんないので、もし普通の幼稚園でもそこの理念に共感して先生も信頼できそうなら、そこを選んだほうがいいですよ」

最近では子どもに選ばせるという保護者も多いですが。

「おもちゃ売り場に行って『好きなものを選んでいいよ！』と言ったのに、いざ子どもが選んだものが親の想定外のものだったときに『それはダメなの！』ってやるのはダメなんですよ。親がいいと思っている候補のなかから選ばせてあげるというのが子どもに何かを選ばせるときの原則なんです。まったくのフリーハンドで好きなものを選んでいいよって、幼児には無理ですから」

たとえ選択肢は最初から絞られていたとしても、最終的に自分で選んだという感覚を子ども自身がもつことは大事です。**成長にともなって選択の幅を増やしていけばいい**のです。

逆に、どこもピンときてないのに、親から「どこがいいの？」としつこく聞かれたら、とりあえずウルトラマンがいた幼稚園とか、大っきなすべり台がある幼稚園と答えてしまう可能性は幼児なら十分にあります。子どもが口で言うことではなく、実際に園にいるときの**目の輝き、体の躍動感、心の落ち着きを見て**やらなければいけません。

「本当に自分に合うところに出会えれば、子どもだってわかります。たとえばみっけに来て、子どもたちが遊んでいるのを見て、『ぼく、明日からここに来る』って言うんですよ」

森のようちえんも千差万別

ここで、長男を森のようちえんに入れたにもかかわらず、次男は普通の園にしたという首都圏在住の中条たえこさん（仮名）のエピソードを紹介します。

＊＊＊＊＊

ママ友から「すごく良さそうだよ」と聞いてウェブサイトを見たところ、毎日本当に楽しそうな活動をしていたので、「あ、これかも!?」と思って決めました。

3年間、自然のなかで走り、歩き、遊び、感じて、本当にすばらしい体験をさせていただいたと思っています。

森の中で遊ぶという以外に、海、川、山、博物館、動物園、水族館などにも出かけます。刃物や火も使わせてくれました。そのほかにもさまざまな芸術的、文化的なプログラムを頻繁に行ってくれました。どれもこれも幼児向けにダウングレードしていない本格的なプログラムでした。普通の幼稚園では決して経験できなかったことだと思います。

長男のお尻には惚れ惚れするほど良い筋肉がついています（だからといって運動が得意なわけではないのですが）。何も持たずに公園に出かけても、いくらでも遊べます。自然科学系の知識はかなり身についているとも思います。

一方で、長男はよく「あのようちえんは忙しいんだよねーーー。遊んでいるのに『行くぞ！』って、先生が行っちゃうんだよねーーー」と言っていました。いろいろなことをするので、子どもにとっては慌ただしいようちえんだったようです。

また、もともとゴリゴリのビジネス畑を歩んできた、保育の資格もない園長には人間的に幼稚なところがあり、子どもへのからかい方は結構容赦ないし、子どもが自分の言うことを聞かないと怒鳴ったりもしました。特に年度の初めには結構厳しめに指導して、誰がこの群れのボスかをわからせることで子どもたちを統率するのがこの園のやり方でした。

そのボス猿っぷりがあのひとのキャラであり、子どもが親以外の大人に叱られることの少ない昨今においてはある意味いいことだなと思っていましたが、あとから考えると、子どもたちは毎日、結構なプレッシャーを感じていたようです。そういうのが好きな子もいた一方で、恐怖を感じる子もいたはずです。

在園中に何度か子どもを見失う事故がありました。いずれも大事には至らなかったものの、そのときの園の対応に不信感を抱くご家庭も多くありました。本当ならば一度でもあってはならないことだと思うのですが、そこへの注意の向け方が弱く、しくみづくりやルールの徹底がなされていなかった点が、残念だったと感じているところです。話し合いの場で保護者がヒートアップする場面もありました。

一方で、もともと高いお金を出して認可外保育施設である森のようちえんに入れるような親には、教育熱心なひとが多い。わが子を一風変わったようちえんに通わせることで自尊心が保たれているような方も見受けられました。

わが家はそんな状況に疲れてしまい、やめることにしました。

あとから一般的な森のようちえんについてよりよく知ると、あのようちえんのスタイルは、「自然のなかでのびのび」というのとはちょっと違ったのかなとは思います。下の子は、上の子の影響ですでに自然体験の素地ができていたから、もうあのようちえんに頼らなくてもいいと判断して、普通の幼稚園に入れました。

（以上、中条さん）

＊＊＊＊＊

中条さんのお子さんたちに直接会って、ちょっといっしょに遊びました。二人とも自信と躍動感にあふれる子です。そしていつだってまわりの状況を楽しむ能力に長《た》けていることに、頼もしさを感じました。

一方で、話を聞かせてもらった森のようちえんは、本書に出てきた森のようちえんともまた違う雰囲気です。特に園長のキャラが悪い意味で独特で、森のようちえんというよりは「俺のようちえん」という印象を受けました。

本書に登場する森のようちえんもそれぞれ個性的ですが、世の中にはまだまだいろんな森のようちえんがあり、決してひとくくりにはできません。**「森のようちえん」というブランドだけでようちえんを選ぶことのないようにしてほしいと思います。**

第五章「しぜん」は子どもの中に

都市部でもできる森のようちえん

あえて都市部で開園する意味は何か？

神奈川県横浜市の港北ニュータウンにやってきました。高度成長期に開発されたベッドタウン。駅前には巨大ショッピングモールや複合娯楽施設がひしめきます。こんなところにも森のようちえんはあります。

訪れたのは、全国ネットワーク副理事長の関山隆一さんが経営する「NPO法人もあなキッズ自然楽校」。認可保育所「めーぷる保育園」をはじめ、横浜市都筑区に4施設、西湘・湘南エリアに3施設があり、すべての施設で「森のようちえん」「食育」「木育《もくいく》」を掲げています。

「港北ニュータウンは、開発の当初から緑の原風景を残すことを決めていて、街をぐるっと囲むように一周十数キロの里山緑道が整備されています。植生《しょくせい》を考慮しているのでものすごく豊かな生態系があります」と関山さん。小雨降る中、さまざまな年齢の子どもたちが遊ぶフィールドをめぐると、子どもたちが「せっきーーーー」と呼びかけます。前日は彼らと葉山《はやま》の海に行き、タコを捕まえたりしていたとのこと。

関山さんはニュージーランドの国立公園で現地ガイドとして働いたのち、アウトドア用品のパタゴニア日本支社に就職。本気で環境保護を進めるためには、未来をつくる子どもたちへの働きかけが欠かせないと考え、アウトドア教室などを企画しました。もあなキッズ自然楽校を2007年に設立し、2009年には森のようちえんめーぷるキッズを開園しました。

子どもと自然をつなげることが使命であるとするならば、あえて都市部で活動することに意味があると考えて、港北ニュータウンを選びました。

「自然のなかに子どもを解き放つと、彼らの可能性の大きさに驚かされます。できないことはほぼないんですよ。3年間で信じられない成長を遂げます。私たちが能力を授けているわけではなくて、環境による感化力みたいなものの作用だと思います」

ニュージーランドの国立公園から横浜の里山林道にフィールドを移しても、ちょっとした自然さえあれば、子どもたちはみるみる感化されていくことがわかりました。

「ここでできるなら、日本全国どこでもできるということです」

子どもにとっての理想的な環境を求めて田舎で森のようちえんを開くのとは逆の発想で

す。都市部でも森のようちえんできるのだと証明することで、日本全国の子どもたちを自然とつなげようという作戦です。「あれがない、これが足りない」と嘆くのではなく、いまそこにあるものを最大限活用してなんとかする姿勢ともいえます。その姿勢自体から子どもたちが学ぶものも多いのではないでしょうか。

関山さんは、すべての幼稚園や保育園が絵に描いたような森のようちえんになる必要はないといいます。むしろ全国に圧倒的に多くある普通の幼稚園や保育園が、森のようちえん的な要素を少しずつでも取り入れてくれれば、未来の社会はそれだけで大きく変わるはずだと考えています。これは**社会改革**です。

森のようちえん初心者あるある

岐阜県岐阜市にある「ながら幼稚園」は、見た目はいたってオーソドックスな認可幼稚園ですが、月に2度、森に出かけます。ウェブサイトには「森のようちえん　やってます!!」とあります。このようなスタイルを「融合型」の森のようちえんと呼びます。

できるだけ森での経験値の高い子どもたちを見たいと思って、年長の森のようちえんに同行させてもらうようにお願いしていたのですが、ちょっとした手違いで、年中の森のようちえんに同行することになりました。この手違いのおかげで、大変貴重な場面をいくつも目にすることになります。子どもたちにとっても、新米の担任の先生にとっても、その日が人生で2回目の森のようちえんだったのです。つまりここから先のレポートは、先生も子どもも経験値がほとんどゼロの状態で行う森のようちえんについての貴重な記録です。

フィールドは「ながら川ふれあいの森」。第二章でぎふ☆森が活動していたのと同じ場所です。あちらは「行事型」ですから、月1回の開催。つまり月に1〜2回しか開催されない森のようちえんという意味でも条件はほぼいっしょ。にもかかわらず、違いがたくさん見つかりました。保育の姿勢というよりは、経験値の違いだと思われます。

10時30分、園庭に2クラス64人の子どもたちが整列します。虫かごや虫網を携えて、やる気満々です。子どもたちにとってはミニ遠足的なイベント感があるのでしょう。

公園に着くと、入口で「森での約束」を確認します。草花やキノコを勝手に食べない、ハチに出会ったら慌てずに頭を抱えてしゃがむ、草むらの中で探し物をするときは手ではなく足先を使う（ヘビに噛《か》まれないため）など。

ひととおりの説明を終え、ベテランの先生が「森の奥におさんぽしてみようと思います！」と言うと、子どもたちは「やった！」とテンションを上げます。

「はい、おててつなぎますよ！」

まだ不慣れな子たちですから、２人１組で手をつながせます。64人が前後に長〜く隊列を組んで進みます（１６７ページの章扉写真参照）。隊列のまわりには2人の担任、２人の副担任のほかに、森のようちえん専用のスタッフが2人と、保護者のボランティアが10人ほどいます。私は新米の先生のクラスといっしょに歩くことにしました。

前がつかえるたびに歩行が止まります。かと思うと、またすぐに「はい、急いでついてきて！」と促されます。特にうしろのほうの子どもたちからしてみれば振り回されっぱなしです。そのせいでしょう。隊列の途中で頻繁に前後左右の子ども同士のいざこざが発生し、それでまた歩行が止まります。悪循環です。ときどき先生が大きな声を出します。

「はーい、いまは見ないよ〜！　並ぶよ〜！」

声はだんだん大きくなります。

11時の時点で最後尾の子が「つかれたー」とぼやきました。そりゃそうです。自分のペースで歩けずに、せっかく刺激がいっぱいの森の中にいるのに手をつないだまま自由を奪われているわけですから、精神的に疲れます。

たとえば道の脇の草にムシが止まっているのを見つけても手をほどいて列を離れるわけにはいかないのですから、子どもたちはむしろ自然を見なくなります。足下にアリンコが歩いていようものならここぞとばかりに踏み潰《つぶ》します。

と、ふいに先生が足を止めて子どもたちに呼びかけます。

「何が聞こえる？　しーっ！」

子どもたちが答えます。

「ヘビの声！」

「ミミズの声！」

「ドングリの声！」

感動です。子どもたちは自分たちのまわりにおそらくヘビがいることやミミズがいることやドングリが落ちていることを感じとっているのです。でも先生が聞いてほしかったのは川の音でした。

「水の音、聞こえない？　これから川を渡りますよ〜」

川といっても幅1メートルもないような小さな流れです。先生がひょいと渡って振り向いて、「気をつけて、頭を使って、順番に渡ってくださ～い」と列の最後尾まで聞こえるように大きな大きな声を出します。

すぐ近くにはサンコウチョウという珍しい鳥を狙って望遠レンズを覗き込むアマチュアカメラマンがたくさんいました。鳥が逃げちゃわないかとそわそわしていますが、先生はそこまで気が回りません。

また、そもそもそんなに大きな声を出さなくてもいいはずです。普段園舎の教室の中では、先生は自分に注目を集めるために大きな声を出すことがありますが、森のようちえんの最中は、先生が指示を出すのではなく、まわりの環境にあわせて子どもたちが自分で判断するのを先生は見守っていればいいわけですから。

森の中で求められる役割と教室の中で求められる役割が違うのに、教室の中でのやり方をそのまま森の中でやろうとしてしまっているように、私には見えました。これも2回目ですから、ドンマイです。

隊列を組んだままぐるりと公園の散策路を回って、ようやく「薬木《やくぼく》の広場」に到着しました。入口はゆるやかなウッドデッキのスロープになっていますが、そこでも先生が「すべるから脚に力入れて降りるよ！」と声を張ります。

それを見ていた渡邉玲園長が、「走ってすべって転んでそこから学んで、それを見たまわりの子どもたちもそこから学ばせてもらえばそれでいいと思うんですけど、私がそう言ってしまうと、先生たちが自分で考えなくなっちゃうので黙ってます」と解説してくれました。森のようちえんでは子どもたちだけではなくて、先生も失敗から学ばなければなりません。

11時30分、薬木の広場でようやく子どもたちは手をほどいて、自由の身になりました。すると如実《にょじつ》な変化が表れます。一気に子どもたちの表情が柔らかくなり、それまでのお友達同士のいざこざも解消するのです。それまでずーっと、ストレスに耐えていたということです。そして何よりほっとするのは、先生自身の表情もぱっと晴れたことです。先生自身も緊張の連続だったのでしょう。

子どもたちの遊びは、ぎふ☆森と変わりません。普段からいっしょに遊んでいるお友達が多いぶん、むしろ集団遊びが多く見られました。先生たちがタンポポで茎笛をすると、子どもたちがわーっと集まってきてまねします。これぞ森のようちえんという風景です。

12時、「お荷物のところに集まるよ！」と先生が声をかけます。それぞれにリュックを背負って、また並びます。するとまたすぐに子ども同士のいさかいが始まります。

自由なら、子どもたちは平和です。でも自由を奪われると問題行動を起こすのです。逆にいえば、子どもたちが問題行動を起こすときには、子どもが悪いのではなくて、環境や状況の何かが子どもにとってのストレスになっていると考えるべきだということです。赤ちゃんが泣くのと同様に、子どもの問題行動は、「いま、自分はストレスを感じているぞ！　居心地の悪さを感じているぞ！」というSOSなのです。

それが非常に明確に、この日の森のようちえんで観察できました。

子どもたちが自由に遊べたのはたった30分間でしたが、今日はまだ2回目で、場所に慣れるのが目的です。経験値を積めばだんだんと子どもたちの自由度が増えていくとのこと。

駐車場に向かう舗装された道路から声をそろえて、山の神様に「ありがと〜」とお礼を言います。すると広場の木陰から「またおいで〜」という声が返ってきました。手をつないで、園バスに向けて行進です。

「は〜い、手をつないで、広がらないで歩くよ〜」

再び先生の声が山に響きます。

「取り返しのつかない大きなケガと見失い事故だけは絶対に避けるようにと私が口を酸っ

ぱくして伝えているので、先生たちも安全第一でやってくれています。だからつい大声になっちゃう。いい塩梅《あんばい》にたどり着くまで試行錯誤の連続です。でもそのおかげで、森のようちえんを経験すると、先生たちが格段にスキルアップするんですよ。保護者にも入ってもらうと、すごくリアルな参観になって、子どものことや保育のことがよく理解してもらえます」と渡邉さん。

月2回の導入で保育の質が変化した

ながら幼稚園の創立はなんと1934年。90年近い歴史がある地域密着型の幼稚園です。渡邉さんは家業を継ぐ形で4代目の園長になりました。以下、渡邉さんの語りです。

＊＊＊＊＊

幼稚園を選ぶのは親です。子どもたちが本当に喜ぶことをやっているのにそれが保護者に理解されず、園児が集まらない園はたくさんあります。一方で、保護者ウケする見映えのいい活動をやって人気はあるけど、教育の専門家にいわせれば中身がスカスカという園もあります。経営者としては常にジレンマとの戦いです。

園としての特徴は出していかなきゃいけないけれど本質的でないことは嫌だと思っていたときに森のようちえんを知り、部分的でもいいから取り入れてみようと思いました。いまでは森のようちえんをやっていることがうちの園の特徴の一つとして、だいぶ認知されるようになりました。

２０１０年から試行的に導入し、２０１２年から本格的に取り組んでいます。すると、意外な効果がありました。園内で、「ダメ」をできるだけ言わないようになりました。いまの園に浸透している「子どもの中にもともとあるものを引き出す」スタンスは、森のようちえんを経験したことで得られた教育観だと思います。どんな活動をしていても、子どもの心が動いているかどうか、すなわち思考しているかどうかがすべての活動の目的になりました。

雪の日に森に行って何かの足跡を見つけて、「小人じゃないの!?」なんていうのを聞いてると、時代は変わったけど、子どもって変わってないなと思うんです。いずれいまどきの子どもになってしまうことはわかっているんですが、いまのうちに子どもらしい発想をたくさん経験しておくって大切なんだろうなと。

それはきっとそのひとの本質的な部分になるんです。将来仮に人生に迷う時期はあったとしても、その本質の部分だけはおそらく変わらなくて、**いつか彼や彼女はそこに戻ってくるんだろう**と思うんです。そういう力が森にはあるなと、感じたことはありますね。ただいつもそんなふうに感傷的になるわけじゃないです。

たとえば八ヶ岳の森なんかでようちえんができたら素敵なんだろうとは思いますけれど、環境が素敵ならその子たちに特別な何かが育つのかといったらそういうことでもないと思うんですよ。

森のようちえんの活動を通じて自由に遊べるようになったけれど、ちゃんと先生の話を聞けないというのではダメなので、両立を目指すのが我々の幼稚園のやり方です。座って話を聞くのがものすごく苦手な子は無理して適応する必要はないと思いますけれど、無理のない範囲で準備ができるのであれば、やっておいてもいいんじゃないでしょうか。公立小学校に行くのならそこは避けて通れないわけですから。融合型の森のようちえんといわれますが、そもそも人生が融合型だと思いますし。

自然のなかで自由に遊ぶことと、教室の中でちゃんと座っていることとって、大人の感覚だと相反することのようにとらえがちですが、子どもにとっては矛盾しません。**どっちも受け入れるキャパシティが、たいていの子どもにはあります。**

だから私は、森のようちえんがすべてだとは思っていないんです。

（以上、渡邉さん）

＊＊＊＊＊

月2回、森のようちえんするようになっただけで、普段の園の保育の質までもが変わったというのは興味深い話です。また、あくまでもその子の中にあるものが表に出てくるだけであり、より素敵な森で育てればより素敵な人間に育つかといったらそんなことはないのではないかという意見には、私も同感です。素敵な森の中に子どもがいると、見ている大人の心地がよくなり、子どもにもよりおおらかに接せられるという間接的な効果はあるかもしれませんが。

教育に関しては、あまりに環境依存的な志向になると、環境のせいにする気持ちが強くなります。〝ベストな教育〟を与えたいと思う親が〝ベストな環境〟を求めるのは中学受験界隈でもよく見られる発想ですが、それはちょっと危険です。**環境や方法論にこだわりすぎると、目の前の子どもが見えなくなる**ことがあるのです。

「見るひとから見れば、みっけだって森のようちえんらしくないよねって言えるかもしれません。365日森の中にいることが森のようちえんだと思っているひともいますから。園舎の中での活動もあって、森にも公園にも出かけていくスタイル。園舎の横にある『森』といわれる場所だって、『自然じゃないね』というひともいるわけです。つくられたものがいっぱいあるから」と言うのは、みっけ園長で全国ネットワーク理事長の内田さん。

「大人がいて、環境があって、プログラムがある。この3つがそろって幼児教育が成立します。このなかでも大人の役割は大きい。いくら森に出かけていっても、そこで保育者があれこれ指示したり怒鳴ったりしたら何の意味もないし、都会の小さな園庭でも子どもたちが身近な自然に目を輝かせるのに寄り添うことはできます。その意味でいえば、**森なんかなくても森のようちえんはできます。**森のようちえんの目的は森ではなくて、森の力を借りて理想の幼児教育を目指そうということですから。普通の幼稚園でもレベルの高い幼児教育をやってきたひとはたくさんいるんですよ。スタイルが違うだけで、やっていることの本質は変わりません。森のようちえんのほうがいいものだという思い込みはやめてほしい」

内田さんが提唱する、森のようちえんに通わなくてもできる子育てのコツは、著書『森のようちえん的子育てのすすめ』にまとめられています。

内なる自然と外なる自然の共鳴を求めて

八ヶ岳の麓《ふもと》に、「ぐうたら村」があります。もちろん行政上の「村」ではありません。ひと言でいえば、「自然《じねん》」のなかで人間について考える場所です。その「村長」の汐見稔幸さんに話を聞きました。

汐見さんは教育関係者であれば誰でも知っている、教育学、保育学の大家です。日本保育学会前会長で、東京大学名誉教授でもあります。日本の教育、保育を誰よりもよく知っている汐見さんが、なぜいま「ぐうたら村」を始めたのか、なぜその環境に里山を選んだのか。

＊＊＊＊＊

もともと30年以上前に、八ヶ岳に総借金で別荘を建てました。当時都心の公団住宅に住んでいたんですが、次男があるとき「庭ってなぁに？」と言いまして。「そうやな、にわかにはわからんな」なんて言ったのをいまでも覚えています。

人間と自然の共存という問題はますます深刻になるだろうことは明らかでしたが、団地暮らしでは自然がどういうものであるかをあまりわからないだろうことが心配になりました。自然の面白さ、豊かさ、場合によっては恐ろしさを、子どもの感覚で、いろいろ体験してほしいなと思いました。

週末とか夏休み、冬休み、春休みをそこですごすと、子どもたちは自然に枝でチャンバラごっこを始めるし、木に登るし、ムシを捕まえるし。子どもが3人いますが、いま3人とも、人間と自然の問題を理屈抜きで考えるからだができていると私は思っていて、やっぱり意味があったんじゃないかと思っています。

八ヶ岳にはキープ協会という団体が運営する清泉寮《せいせんりょう》という有名な研修施設があります。

そこにキープ自然学校やキープ森のようちえんをやっている小西貴士《たかし》さんという山男がいました。首都圏広域から子どもたちがやってきて、3泊4日くらい森ですごす。行事型の森のようちえんの走りみたいなものでしたよ。雪が解けたあとの森を子どもたちと歩くと鹿の死骸があったりして。

そこで私も森のようちえんの面白さとか可能性を学ぶことができました。子どもがたどる森の道をいっしょにたどったり、保育者だけで似た体験をしてみたり。

そのうち小西さんが清泉寮の近くにいい土地を見つけてくれて、そこでいっしょに保育者のための研修施設をつくろうということになりました。自然とのんびり共存しながら人生についていろいろ考えたりやったりする場という意味で「ぐうたら村」としました。それが2012年です。

子どもが森のようちえんで学ぶのと同じように、大人が、人間にとっての自然の大切さを実感しながら学べる研修施設にしたいと思いました。それと同時に、自分たちも自然の力を借りて生活してみることで、人間にとって本当に大事なものは何なのかを実感的に理解していきました。

そもそも人間にとって自然が大事なのはなぜかというと、きっと私たちが自然の一部にすぎないからだと思うんですよね。

　本来は人間の中にも豊かな自然性があるのに、それをぜんぶ括弧《かっこ》にくくって外在化し、把握・管理・利用の対象とする考え方が近代合理主義であり、それが急速に広がったのが近代社会です。

　でも実際は、自分たちの内なる自然と外の自然が違う論理で動いてしまうと、私たちの内なる自然が耐えられなくなってしまう。要するに、内なる自然と外の自然が上手に共鳴し合い支え合うことが、人間にとっていちばん大事だということを近代社会は忘れてしまった。

　理性の力で世界全体を解明できるはずだという考えを啓蒙主義といいますが、そこで見落とされてしまっているのは、人間も自然の一部だということ。言い換えれば、外の自然を破壊したら自分たちの内なる自然も破壊してしまうかもしれないという視点なんですね。

　そこでぐうたら村で何を学ぶかといったら、人間というものをもういちどとらえ直していこう、人間と自然との関係をとらえ直していこうということ。それをしないと、人間の本当の幸せとか生きる意味って何なのかとか、決して正解があるわけじゃないけれど、そういうことを考える視座すら得られないんじゃないかと思います。

やっぱり子どもって理不尽な存在なんですよ。子どもは自分が生まれることに関して、いっさい選択していませんよね。選択していないんだから責任もとれませんよね。だけども生きるということだけは背負わされてしまうわけです。つまり子どもというのは根本的に矛盾をはらんだ存在です。

だとしたら、生きているってこんなに面白いことなんだとか、こんなに豊かなことなんだとか、こんなに深いことなんだなどと、子どもたちが感じとってくれるようにすること以外に、生んだ世代の責任を果たす方法はないわけです。その責任を果たすのが育児だとか保育だとかの大きな目標じゃないかな。

最初は面白いだけでもいいけれど、やがて「自分はなんで生きてるんだろう?」ということを考えるわけじゃないですか。でもそういうことを考えること自体が、はっきり言って、生まれてきて良かったなと思えるということですよね。そうなってもらうためには、「生きることは耐えることだ」みたいな刷り込みをしたらまずいわけで。

だとしたら、どういうときに生きている面白さや尊さを実感するかを、まず大人自身が知っていないと。

大仕事を成し遂げてものすごい歓喜を分かち合うみたいなことは、すばらしい体験だけれど、日常的な生きる実感ではないですよね。もっとシンプルに、**「いっしょにいると楽しいね」みたいなものが本質**なんです。そういうことが体験的にわかっていないと、実は、何のために保育しているのかとか、育つとはどういうことなのかとか、子どもたちに本当は何をしてあげられるのかみたいなことを深いレベルで考えられないと思うんです。

ぐうたら村は、そういうことを体験しながら考えられるところです。汗水垂らして一生懸命畑仕事をしたとか、育てたものがおいしかったとか、そんな単純なことの積み重ねのうえに、子どものことを語り合う、保育のことを語り合う。そうすると、都会の幼稚園や保育園の部屋の中で議論しているときとは、頭の中をめぐるものが微妙に違ってくるんです。でもそれを言葉で説明するのはなかなか難しい。

あえていえば、意味の世界が深くなる。生きていることが喜びであるとか、命を輝かせたいとかいう次元へ。私は命を喜ぶという言い方をよくしますけれど。

世間での評価とか業績だとか収入だとかそういうものにいちどもまれてしまった人間が、命が本来的に求めているものに気づくのは、なかなか大変なんですよ。だけど私は、感性の鋭い保育者というのは、ぐうたら村みたいなところでの体験を通して、すぐに何かに気づくんじゃないかと思っています。

感性の鋭いひととそうじゃないひとがいるような言い方をしてしまいましたけれど、世俗的なことで苦労してきたとしても、そういうことにとらわれなくていいんだと気づければ、鎧《よろい》が一枚脱げたようにして、感性が活性化すると思います。

なんちゅうか、優秀なサラリーマンになるためみたいな理屈で教育とかが動いていて、そのなかで競争させられてきて、そこでいろんな価値観を身につけてしまうわけでしょ。それ以外にもその時代時代のイデオロギーみたいなものもあるでしょ。そういうのが私たちの中にこびりついている。

そういうのをちょっとずつ取り払っていけば、本当に私の命が喜んでいると実感できるようになる。そのとき、森の命の喜びとも響き合うような感覚がある。そういうところまでいけると、持続可能性というキーワードに実感がともなってくると思います。

「ある問題を引き起こしたのと同じマインドセットではその問題を解決することはできない」とアインシュタインは言いました。つまり、近代合理主義的考え方が招いた問題に対処するには、その考え方をある程度ラディカルにつくりかえなければならない。

環境問題が深刻化し、経済格差も広がっている。あるいはＡＩ社会になって、いままで経済活動に明け暮れていた人間のやることがなくなってしまったというときに、何を生きがいにして生きていけばいいのかという問題もある。

マインドセットを組み替えるためには、従来の社会の枠組みを飛び出して、自然の一部としての生き生きとした体験を通して、自分の命の世界に少しずつ戻っていく必要があると思います。理屈じゃなくて。

その視点からいうと、森のようちえんも、ワイルドな森の中に入っていって火起こししてみたいなサバイバル体験をすることじゃないよと、私はよく言っているわけです。それぞれの園が置かれた環境の中で、身近にある自然を最大限に生かす工夫をしてほしい。私は「曜日の体験」とよく言いますけどね。日月火水木金土の体験。曜日ってそれぞれが自然のシンボルですよね。

まなざし次第で、都会にも自然は豊かにある。田舎のひとたちが自然に対する感受性が強いかといったらそんなことはないですし。このまえ東京都でも「自然を活用した東京都版保育モデル」事業というのをやったんです。最も自然が少ないと思われている東京都がやったことに意味があると思っています。

園の近くのちょっとした小川に行って、「どんな音で流れてる?」と聞いた先生がいました。「春の小川はさらさらいくよ」って歌うけど、ぜんぜんさらさらじゃない。子どもたちは「ペコポコ、ペコポコ、チョッポン！って言ってるよ」とか「チョロチョロ、ポチン！と言ってるよ」とか、いろんなことを言ってくれたんです。

教室に帰ってからそれをぜんぶカタカナで書いて、「これ、なんて読む？」なんてやって、「あ、それ○○ちゃんが言ってたやつだ！」なんてなったら、カタカナの読み方を覚えちゃってね。

そういうふうにして自然というものがこんなにリズミカルに聞こえてくるんだとわかったとたん、自然をもっと聞こうとする耳が育ちますよね。耳を澄ますなんてことが始まったとたんに、自然と響き合う準備ができますよね。

これが自然を最大限に生かした教育法というか、森のようちえんなんだと思ってます。

そうだとしたら、現代社会における森のようちえんの役割は、太陽や風や空気やそういう外なる自然と、人間の中の内なる自然を、命の世界のレベルで出会わせることなんだと思うんです。**外なる自然と共鳴できる内なる自然をもっている人間を育てる教育**の総称を「森のようちえん」ととらえればいいと私は考えています。

（以上、汐見さん）

＊＊＊＊＊

環境倫理学者のJ・ベアード・キャリコットは著書『地球の洞察』で、近代西洋的人間中心主義から世界各地の伝統的環境思想をふまえた全体論（ホーリズム）へのパラダイムシフトの必要性を訴えました。

汐見さんがいう、自分のなかの内なる自然が外の自然と共鳴するというのも、近代以降に自然から切り離されていた自分たちをもういちど自然という全体のなかに戻すことだといえます。

もともと明治以前の日本語では、自分と自然が一体化した状態を「自然《じねん》」といいました。だから私たちは、盆栽《ぼんさい》に宇宙を感じることができます。「古池や蛙《かわず》飛び込む水の音」と詠《よ》むだけで、宇宙の摂理と同化できます。それがいつしか、人間と区別された西洋的な意味での「Ｎａｔｕｒｅ」を「自然《しぜん》」と呼ぶようになったのです。

ただし、子どもと自然を命の世界のレベルで出会わせるには、ただ自然のなかに連れて行くだけでは弱い。子どもの中の内なる自然が外なる自然との共鳴を始めたときにまわりの大人がどれだけそれに気づいてやれるかが大きな鍵であることは、第三章で紹介したレイチェル・カーソンのことばからもわかるでしょう。逆にそういう大人が少なくとも一人、子どもの近くにいるのであれば、都会にある小さな自然のなかでも、出会いは可能です。

そこで思い出すのが、アメリカのサイエンスライター、エマ・マリスの『「自然」という幻想』です。要するに、「手つかずの自然」幻想をやめ、都市部にもある小さな自然を大切にすることから環境保全を考え直そうという提案です。ＴＥＤ（最新の知見を共有する世界的な講演会）での彼女のプレゼンテーションは、おそらく西洋の自然観にとってはコロンブスの卵とでもいうべき斬新な発想だったはずです。

また、環境思想史学者のロデリック・フレイザー・ナッシュは著書『原生自然とアメリカ人の精神』で、よそ者としての歴史的背景をもつアメリカ人が、「原生自然（Ｗｉｌｄｅｒｎｅｓｓ）」を、かつては克服の対象としてとらえていたが、現在では癒やしの対象としてとらえ、環境保全（適度に手を入れる）ではなく環境保護（手つかずの状態に保つ）に重きを置いていると指摘しています。時代によってとらえ方は変わるけれど、いずれにしても人間と自然との間の線引きは常に明確だということです。

それに比べると、日本の里山文化では、森と里（人間社会）の境界が曖昧です。森の中で非日常モードになるのは西洋人でも日本人でも同じですが、西洋では、人間社会に戻ってきたらモードが切り替わります。でも日本では、非日常モードを引きずったまま里に戻ってきてそのまま生活します。ON／OFFではなく、濃淡です。自然と自分を切り離すことなく、常に全体とつながりながら生きています。その違いは大きい。

いわゆるSDGs的な課題（図6）が西洋発祥の近代合理主義的なマインドセットから生まれたものであるとするならば、これらを解決するにはそれと異なるマインドセットを構築する必要があります。それを可能にするヒントが日本的「森のようちえん」すなわち「里山のようちえん」にあるような気がします。

人類の活動が地球に地質学的な意味での爪痕《つめあと》を残している状況を最近では「人新世」ともいいます。人新世の危機を脱するのに必要なのは、SDGsでもマルクスでもなく、「MORI NO YOCHIEN」「SATOYAMA YOCHIEN」かもしれません。

汐見さんに、さらに4つの質問をしました。

おおた　森のようちえんと聞いただけで、おそらく誰でも直感的に「いいな」という印象をもつと思います。直感的にいいなと思えてしまうからこそ、言葉でその価値を説明する

図6　SDGs
(Sustainable Development Goals、持続可能な開発目標)

1 貧困をなくそう
2 飢餓をゼロに
3 すべての人に健康と福祉を
4 質の高い教育をみんなに
5 ジェンダー平等を実現しよう
6 安全な水とトイレを世界中に
7 エネルギーをみんなに そしてクリーンに
8 働きがいも経済成長も
9 産業と技術革新の基盤をつくろう
10 人や国の不平等をなくそう
11 住み続けられるまちづくりを
12 つくる責任、つかう責任
13 気候変動に具体的な対策を
14 海の豊かさを守ろう
15 陸の豊かさも守ろう
16 平和と公正をすべての人に
17 パートナーシップで目標を達成しよう

のが難しい部分があると思います。そこをあえて学術的に表現したものはあるんでしょうか。

汐見　身体能力的な部分では多少データもあるんじゃないかと思いますが、もっと突っ込んだものとなると思い当たるものはないですね。日野市の森のようちえんをリードしてきた中能孝《なかよくたか》則《のり》さんが書いた『森のようちえん冒険学校』には彼が体験的に得た知見が体系化されて書かれています。稲本正《いなもとただし》さんの著書『脳と森から学ぶ日本の未来』は、森のようちえんの哲学的な後ろ盾になる本だと思います。

おおた　日本保育学会から見ると、森のようちえんはどういう存在なのですか。

汐見　まだメジャーにはなり損ねています。実際いままであった森のようちえんというのは、かなり敷居《しきい》が高かったというか。水しぶきを上げながら川で遊ぶだとか、普段は食べないようなものを生で食べちゃうとか、そういう子どものワイルドな姿がすごいっていって、普通の幼稚園に行かせるのは嫌だみたいなとらえ方をされると、一部のかなり決意をしたお母さんたちが支えるマイナーな取り組みで終わってしまうんですね。「自分たちはこういうところで子どもを育てたい」という強い思いはあるんですが、そのことによって日本の幼児教育を変えていきたいというような志向性は、全体としてはまだ弱いんです。

おおた　さきほど「私の命が喜んでいる」とか、外なる自然と内なる自然の共鳴みたいなものが大きな意味での保育の目的だという話がありましたが、でもその保育の成果って決して「エビデンス」として証明できるようなものではないですよね。

汐見　違いますね。近代合理主義以降の学問はエビデンスベースですけれど、**エビデンスがとれるのは見える世界に限られているわけです**。「私の心の深いところで他者と響き合っていっしょにいることが本当にうれしいんです」なんて感覚はエビデンスにはならないんです。エビデンスベースのマインドセットでやってきたものを変えようとしているのに、それをエビデンスベースのマインドセットで評価しようとしても無理ですよね。だからこれからは、子どもたちにこんな変化があったとか、豊かな自然体験をした子が大人になったらちょっと面白いことをしていることが多いとかいうような、定性的な事例を蓄積していくことが大事かなと思います。

おおた　最後の質問です。「森のようちえんって、インスタ的には映《ば》えるよね。だけどそれって、『昔の子育ては良かった』みたいな懐古《かいこ》主義なんじゃないの？」というような冷めた批判にはどういう受け答え方があると思いますか。そもそも受け答えする必要がないのかもしれませんが。

汐見　ああ、それはたぶんそのとおりなんで。さきほど言ったような定性的な事例が溜《た》まっていかないと、「自己満足」という評価からは自由にならないと思いますね。自己満足的なものは実際多いと私も思ってるんですよ。だって、都会に育った子どもはダメなのかというと、実際そんなことぜんぜんないでしょう。普通の幼稚園の対抗軸に森のようちえんを置くのは良くないと思います。だから、有志が集まって理想の保育をしようみたいな活動を全国に広めることを考えるよりも、既存の幼稚園や保育園がもっと工夫して、子どもたちが自然とつながる機会をもっと増やしていくことのほうが、社会全体のことを考えたら本道だと思いますね。

人間の意図が介在しないことで得られるもの

図7 「正しい遊び方」のつくられ方

汐見さんの話で、子どもを自然に出会わせる深い意味がわかったところで、次に、目の前に図7のようなモノがあったとして、①と②の両側から上ろうとしている子どもがいたら、自分ならどうするかを考えてみてください。

これがもし、街中の公園に置いてある、金属製のすべり台だったら、②の子に注意するひともいるのではないでしょうか。実際公園でよく見かけます。でもこれが、たまたまそういう形になった土山だとしたらどうでしょう。②から上って悪いことなんてぜんぜんありませんよね。

つまり、すべり台として、大人が意図をもってつくった遊具には正しい遊び方が予め規定されています。子どもに遊び方を決める自由はありません。大人の意図どおりに遊ばない子どもは悪者あつかいされます。でも、土山には意図がありませんから、①から上ろうが②から上ろうが自由です。

「②から上る子どもがいると、①から上った子がすべり降りることができないじゃないか」と言うひとがいるかもしれませんが、それを言うなら「①から上る子どもがいると、②から上った子が階段を降りられないじゃないか」とも言えます。

「両側から上ってしまったら頂上で鉢合《はちあ》わせになってしまうじゃないか」と言うひともいるかもしれません。それに対する答えは、「それの何が悪いんですか?」です。鉢合わせたときに子ども同士がどうするか、見てればいいじゃないですか。うまく体を交差させて行き交うかもしれないし、頂上でじゃんけんして負けたほうが降りるというゲームが始まるかもしれません。

①から上って②から降りるという「ルール」は、そのように遊びたいという子どもが多数いて、みんながそれに合意したときに成立するものです。利用者が多い場合など、みんなが気持ちよく遊ぶために、そういうルールが必要な場合もあります。でも、その「ルール」は必要なのか、意味があるのかは、常に吟味されなければいけませんし、少数派の意見もできる限り尊重されなければいけません。いかなる場合にも「ルールだから」では、

思考停止です。

そう考えるならば、土山であろうが大人がつくったすべり台であろうが、本来は①と②のどちらから上ってもいいはずです。両側から上る子どもがいて衝突が起こるなら、それこそお互いに楽しくなれる方法やルールを見出す学びのチャンスじゃないですか。それを奪ってしまうのはもったいない。頂上で取っ組み合いが始まって落下の怖れがあるならば、その時点で介入したり、落下に備えて近寄ったりするのが、大人の役割です。

大人がつくったすべり台に正しい遊び方が規定されているのは、もし事故があった場合に設計者や設置者の責任が問われるからです。ふざけないで遊ぶことを子どもに求めるのは大人の都合です。それが結果的に、子どもたちから学びの機会を奪っています。

そういう環境にずっといると、子どもが常に大人の意図に忖度《そんたく》して生きる〝いい子ちゃん〟になるであろうことも想像に難《かた》くありません。言われたことをこなすだけの人間に育てたいならそれでもいいでしょうが、そういうひとばかりの社会はいつまでも変革できず、衰退していくでしょう。いまの日本社会がまさにそうなっているわけですが。

「だから遊具なんていらない！」というのが、私が話を聞いたほとんどの森のようちえん関係者の意見です。おもちゃについても同じです。正しい使い方に子どもを従わせるおもちゃならいらない。枝や石ころやドングリがあれば、それがおもちゃになる。面倒見の悪いおもちゃほど、子どもの創造力を引き出す良いおもちゃとなります。

要するに、**極力大人の意図が介在しない環境であることが、森のようちえんの構造的な意義**だといえます。

自然環境を生かした公園の中に、人工的な遊具も用意して、どちらで遊ぶか子どもに選ばせればいいじゃないかという考え方には一理あります。でも、薄緑や薄茶や水色の自然の世界に、ビビッドカラーの遊具がドーンと置かれると、それまで生き生きと子どもたちを惹《ひ》きつけていた自然が、遊具の背景に押しやられます。せっかくの自然のディテールが見えにくくなります。まるで街の灯《あか》りが星空を消してしまうように。

まとめます。自然のなかには大人の意図がないので、大人の意図に子どもを従わせることもなくなります。子どもには解決できないトラブルが起きたときや事故になりそうなときに最低限の対処をすることが大人の役割です。自然のなかでは自然にそうなります。それが、幼稚園教育要領や保育所保育指針に書かれている理想と結果的に一致するのです。

さらに森のようちえんには社会的な意義も期待できます。環境保全と地方創生の２つの観点から述べます。

まず環境保全の観点から。前述のとおり外なる自然と共鳴できる子どもたちが育つことで、**無意識的な環境保全のベクトルが生じる**という長期的メリットだけでなく、子どもたちがすごすフィールドとしての森に適度にひとの手が入ることによって、**豊かな生態系が復活する**短期的なメリットもあります。

次に地方創生の観点から。一般的に、都市部と地方では教育格差が大きいといわれます。たしかに有名な学校や塾の数や、習い事の選択肢は都市部のほうが多い。でも、子どもが本来もっている力を存分に開花させる環境としては、**自然に囲まれた地方のほうが圧倒的に有利**であることがすでにおわかりいただけているはずです。

地方の自然環境や文化を生かした森のようちえんがさらに増えることで、世の中に蔓延《まんえん》する「教育には都市部のほうが有利」という思い込みが打破されれば、**都市部一極集中の社会構造が緩和される**可能性があります。

一方で、近代合理主義の産物である都市部にも森のようちえんが増えることで、より多くの子どもたちが自然とのつながりを取り戻し、長い目で見れば、消費型社会の進行がペースダウンするかもしれません。そして彼らが親になったときには、より良い教育環境を求めて、地方への移住がさらに進むかもしれません。

最後に、本書で触れた森のようちえんの魅力を極力シンプルに箇条書きしておきます。

【子ども】

・自然や生活に関する知識・技術が身につく
・多種多様な非認知能力が育まれる
・自然と共鳴できるようになる……ｅｔｃ.

【保育者】

・自然や文化の力を借りた保育ができる
・自然のなかでは〝統治者〟にならなくてすむ
・自ずと理想の保育構造が得られる……ｅｔｃ.

【社会】

・育児・教育の新しい視点が得られる

・地方と都市部の格差解消につながる
・自然との共存の可能性が広がる……ｅｔｃ．

これからの時代における教育的な課題解決と環境保全的な課題解決と社会構造的な課題解決の結節点に、森のようちえんは位置しています。

おわりに

実践者でもない研究者でもない立場を利用して、好き勝手な方法で森のようちえんを描写してみました。

森のようちえんのひとたちはみな、キャラが際立っていました。でも考えてみればそれが「普通」なんですよね。ひとはみんな際立ったキャラをもっているはずなのに、社会がそれを目立たなくさせてしまっているだけであることに、途中から私は気づきました。

また、彼らとの対話はいずれも、子育てに関する含蓄《がんちく》に富んでいました。言っていることはそれぞれ違うのに、どれも腑《ふ》に落ちる話でした。正解は一つじゃないということです。

普通の園を選ぶのか、オルタナティブ教育の園を選ぶのか、森のようちえんを選ぶのか。仮に森のようちえんを選ぶにしても、どういうスタイルの園がいいと思うのか。一つの正解があるのではなく、悩んだ末にどれを選ぶかに、そのひとの子ども観・子育て観・教育観が表れるのだと思います。

社会の中に、そして個人の中にある、子ども観、子育て観、教育観を少しでも揺さぶることができたのであれば、早朝の新幹線に乗って森の中まで何度も通い、ときにはずぶ濡れで帰宅することになった甲斐《かい》もあったというものです。

紙幅《しふく》もないので、理屈を抜きにして乱暴に逆説を述べさせてもらうなら、子どもも自然の一部であるという当然の事実を忘れない謙虚さを大人たちがもってさえいれば、やっぱりどんなところでも子どもは育つんだというのが、本書を書き終えたいまの私の結論です。

安禅《あんぜん》は必ずしも山水《さんすい》を須《もち》いず。

おおたとしまさ

2021年9月

付録「非認知能力」とは何か？

新たに発見された超能力!?

　東京都あきる野市の川原で、小中学生の異学年の子どもたちが好き勝手に遊んでいました。子どもたちの目はキラキラと輝き、全身から躍動感があふれています。

　栄光学園という神奈川県屈指の進学校の教員であり、私塾「いもいも」を主宰する井本《いもと》陽久《はるひさ》さんが定期的に開いている「森の教室」という活動です。

「どうしてもいかだをつくってみたい」と言って、ネットでさまざまなつくり方を調べ、とうとういかだをつくってしまった子どももいました。「そうやって子どもは学んでいるんですよね」と井本さんはしみじみ言います。

　いかだのつくり方という技術のことをいっているのではありません。浮力だとか川の流れなどの知識をいっているわけでもない。好奇心や意欲・関心をもってものごとに取り組む姿勢、あきらめない気持ち、協力してくれる仲間のありがたさ、冷たい川の水から上がったときに太陽のぬくもりを感じる感受性……などなど、それらすべてを、学ぶという意識なく学んでいるのです。

技術でもない知識でもないそれらすべてこそ、「非認知能力」と呼ばれているもの。いま教育熱心な親が注目するキーワードであり、幼児期にこれを鍛えることで将来の成功や幸せにつながるという言説が、まことしやかに流布しています。まったくの嘘ではありませんが、誤解も多い。

私のもとにも、メディアから連日のように非認知能力についての問い合わせが入ります。「非認知能力とは具体的にどういう力なのでしょうか」「それがあると将来どう役に立つのでしょうか」「どうしたらそれらの力を身につけることができるのでしょうか」……。まるで新たに発見された超能力か何かのようです。

「非認知能力」という言葉が、「コンピテンシー」「ソフトスキル」「ライフスキル」「ソーシャル＆エモーショナルスキル」などに置き換えられることもあります。また、それらを構成する要素として、ある学者は「自尊心、自己肯定感、自立心、自制心、自信、協調性、共感力、思いやり、社交性、道徳心」などを挙げるし、またある学者は「失敗から学ぶ力、人と協力できる力、違いを柔軟に受け止める力、新しい発想ができる力」のようなものを挙げるし、別の学者は「目標や意欲・関心をもち、粘り強く、仲間と協調して取り組む力や姿勢」を挙げます。

要するに「これからの時代を生きるために重要だと各人が考えている能力を好き勝手に非認知能力という概念のなかに放り込む」状態。かくして非認知能力という言葉の意味のインフレが起きています。

メディアの盛り上がりようは、かつての右脳教育ブームを彷彿《ほうふつ》させます。

存在すら怪しい曖昧な力すべて

「非認知能力」なる概念自体は、ペーパーテストによる成績以外に労働市場における成功を決定づける要因として2人の社会学者がすでに1976年に示していたものですが、これを日本に知らしめたのは、労働経済学でノーベル賞を受けたジェームズ・J・ヘックマン氏およびその研究結果の一部を著書『「学力」の経済学』で紹介した教育経済学者の中室牧子氏といって差し支えないでしょう。

ヘックマン氏らは恵まれない子どもたちの幼少期の生育環境を改善した追跡調査である「ペリー就学前プロジェクト」および「アベセダリアンプロジェクト」の結果を分析しました。両プロジェクトは、子どもへの教育投資ができない環境を改善したという話であり、何か特別な英才教育をしたわけではありません。

幼児教育を受けたひととそうでないひとを比較すると、たしかにいちどIQ（知能指数）の差はできるものの、結局その差は成長にともなって消えることがわかりました。しかし、その後の年収や生活の豊かさには再び有意な差が表れました。そこから、IQでは測定できない何らかの能力が長期的な影響を与えているのだろうと、ヘックマン氏は主張したのです。その何らかの能力こそが非認知能力です。

つまり、人間の能力のなかで、IQのように比較的測定しやすいものを「認知能力」、定義や測定のしにくいものを「非認知能力」と呼んでいるだけです。単に研究者にとって測定しやすいかどうかという観点での表現であり、心理学用語の「認知」（子どもなどが物事を知覚し認識すること）とはまったく意味が異なることに注意してください。ちなみに文部科学省が掲げる「生きる力」とは「認知能力+非認知能力」の総合力だということができます。

ヘックマン氏は著書『幼児教育の経済学』で「意欲や、長期的計画を実行する能力、他人との協働に必要な社会的・感情的制御といった、非認知能力」との表現を使用しています。これが一般に、ヘックマン氏が意図するところの「非認知能力」の概念であると解釈されている場合が多い。

一方、中室氏の著書にある「非認知能力とは何か」という図表には「自己認識、意欲、忍耐力、自制心、メタ認知ストラテジー、回復力と対処能力、創造性、性格的な特性（Big5)」などの呼称が並びます。イギリスの心理学者の論文からの引用です。「性格的な特性（Big5)」とは、「外向性」「情緒安定性」「開放性」「勤勉性」「協調性」のこと。さらに中室氏は同書の中で、重要な非認知能力として「自制心」と「やり抜く力」を挙げています。

要するに、非認知能力に分類され、将来社会で有用に働くと期待される能力は、無限に存在します。これらすべてを幼児期のうちに身につけさせようなんて考えたら、果てしない旅になってしまうでしょう。

ここで学者ではない無責任な立場を利用して、私なりに大胆に「非認知能力」を定義させてもらうならば、「これからの時代をたくましく生きていくうえで子どもたちが身につけるべきだと大人たちが思い込んでいる、存在するのかどうだかすら怪しい曖昧な力すべて」となります。

認知能力と非認知能力はからみあっている

ヘックマン氏の結論は、「幼児教育は投資効果が高い」です。ただそれは、あくまでもアメリカの貧困家庭において、幼少期に適切な教育プログラムを提供することで彼らが将来的に社会からドロップアウトしてしまう可能性を減らす効果が期待でき、社会全体としての投資効果が大きいという意味。

したがって、そのまま日本の社会に適用できるものではないとの意見が多いのも事実です。ましてや幼児教育にお金をかければ偏差値50の子どもが偏差値60になるというような話ではありません。が、「幼児教育は投資効果が高い」という言説だけがひとり歩きし、幼児教育にお金をかければ非認知能力が高まって、将来の年収が増えるかのような幻想が広まりました。この「誤解」が現在の非認知能力ブームを招いたといっても過言ではありません。

ＯＥＣＤ（経済協力開発機構）は２０１５年、「非認知的スキルの状態はのちの認知的スキルの状態を予測するが、認知的スキルの状態がのちの非認知的スキルの状態を予測するという関係は認められなかった」との内容を含むレポートを発表しました。すなわち、非認知能力が認知能力を高めることは期待できても、認知能力そのものが非認知能力を高めることは期待できないというわけです。

この字面《じづら》がまたひとり歩きしました。「幼児期には非認知能力を高めるべきで、認知能力はそのあとにすべきなんですよね」と、私も何度も聞かれました。たしかに認知能力はあとからでも詰め込める。しかし認知能力を身につけようとすると非認知能力が身につかなくなるというような単純なトレードオフの関係ではありません。むしろ認知能力と非認知能力は密接にからみあっています。

たとえば「ＫＵＭＯＮ（以下、公文式）」がいい例です。公文式では、計算ができるようになったり、国語や英語の読解ができるようになったりと、認知能力のど真ん中を鍛えます。しかし成果を出すためには、毎日決められた枚数のプリントをコツコツこなさなければなりません。1問でも間違ったらやり直し。100点満点になるまで次のプリントに進めない。しかも、公文の先生はやり方を教えてはくれない。プリントにある例題の解き方を見てパターンを認識し、自分で解き方を学ばなければいけない。この活動を通して、計画性や根気、自学自習の態度や学習習慣が身につくわけです。これらはまさに非認知能力に分類されるものです。

習い事としてのピアノも同様です。教室に通うのは週1回でも、毎日課題曲の練習をしなければなりません。間違えたらやり直し。心が折れそうになることもある。それでも目標に向かって努力を続けなければいけない。そうしたなかで、ピアノが弾けるというスキルだけでなく、折れない心や自制心、忍耐力などが鍛えられるのです。

ある東大生の保護者は次のように語ります。

「子どもが小さいころから気をつけていたことは、あきらめないこととか、いちど始めたら続けるとか、努力の持続とか、目標をもつことの大切さとか、そういうことでした。つまり、それが認知能力を高めるうえで欠かせない姿勢であって、将来の生きる力にもつながるはずだと考えました。勉強も詰め込みではなく、常に考える姿勢をもち、好奇心を養う。知識は必要ですが、そういう姿勢ができていてこそ、学ぶ意欲も生まれ、生涯にわたって学んでいこうという姿勢も生まれるのではないでしょうか」

非認知能力だけを直接的に高める方法などないでしょうし、それを目的にすべきではないと私は思います。

非認知能力とは日本語の「間《ま》」のようなものであると私自身はとらえています。個々の認知能力のあいだをつなぐもの。いくら認知能力は高くても非認知能力が足りないと「間抜け」になる。見た目にはマッチョでも、それぞれの筋肉を連動させる訓練が不足していれば十分な力が発揮できないのと同じです。その「間」自体、冒頭の川原の場面のように子どもたちの自由になる「時間」「空間」「仲間」の「三間《さんま》」の中で育つ部分が大きい。

必要な非認知能力は一人一人違う

幼児期を逃したら非認知能力は伸ばせないのでしょうか。そんなことはありません。たとえば「やり抜く力」については、さまざまな方法で鍛えることができるし、むしろ年齢を重ねるごとに強くなる傾向があると、心理学者のアンジェラ・ダックワース氏は述べています。

前述のとおりヘックマン氏は「幼児教育は投資効果が高い」と主張していますが、それはあくまでも社会全体としての税金の使い方を比較した場合の話であって、幼児期を逃したら非認知能力が育たないなどとは決して述べていません。実際、２０１４年11月17日の日経ビジネス電子版で、次のように証言しています。

「子供に課題を与えて、毎日来させて、計画・実行させ、最後に仲間と一緒に復習をさせる実験をしました。1日2、3時間、小学生に対して2年間毎日実施しました。追跡調査の結果、この経験がその後の人生において大きなスキル向上につながっていたことが分かりました」

この実験、何かに似ていると思いませんか。そう、中学受験勉強にそっくりです。約3年間という子どもにとってはとてつもなく長い時間をかけて、とてつもなく長い道のりを最後まで歩ききったとしたら、12歳の時点で身につけていてほしい「やり抜く力」としてはおつりがくるほど。親がお尻を叩きすぎて、学習への意欲や自己肯定感を潰していなければという条件付きでの話ではありますが。

また、そもそも非認知能力は測定が難しいので「〇〇をやって××という非認知能力が伸びた」という明確なエビデンスがあるはずもないのですが、幼少期であれば習い事、思春期であれば学校での部活や行事運営での経験が、さまざまな次元での非認知能力の向上に役立つことは間違いなさそうです。

たとえば習い事としてサッカーをやっている場合。最初はただ夢中でボールを追いかけるだけで楽しい。楽しくボールを追いかけているだけである程度まではうまくなる。しかし、もっとうまくなりたいと欲が出てくると、どこかで壁にぶち当たる。そこでうまくなるための練習を考えて、毎日実行する。つらいときもありますが、それを続けることで、壁を乗り越えることができる。そして新たな次元の喜びを覚える。

このような体験から得られるさまざまな「力」を何と呼べばいいのかわかりませんが、いずれにしても非認知能力に属するものであることは間違いありません。そしてこれらの力はサッカー以外のことにも流用可能です。つまり、サッカーという習い事から得られるものには、ボールがうまく蹴れるという限定的なスキルのみならず、どんなことにも流用可能な非認知能力が含まれるといえます。

この「夢中→上達→挫折→克服」のサイクルで得られるものすべてが、習い事がもたらす本質的な賜物《たまもの》であり、つまるところ習い事なんて、子どもが夢中になって始められるものなら何でもいいわけです。中高生の部活や行事運営の体験では、ここにさらに人間関係的スキルが大きくかかわってきます。

畢竟《ひっきょう》するに、日本において一般的な幼稚園や保育園に通っていれば幼児教育としては十分で、どこかのタイミングで受験をやり切り、反抗期を存分に堪能することで自分のなかに確固たる価値軸をつくり、同時に友人たちとの濃厚な人間関係を経験することができれば、ヘックマン氏らが着目するところの非認知能力は自然に十分に身についているはずなのです。そしておそらく「これからの時代に特に重要な非認知能力は何か」という問いに意味はなく、一人一人の子どもが自分らしい人生を送るために必要な非認知能力のブレンドは、一人一人違う。

つまり、非認知能力という概念が登場したからといって、親として何か新しい教育に取り組まなければいけないわけではないのです。私の知る限り、非認知能力に着目する学者たちの主張の大筋は、「いままでの教育に非認知能力育成のための教育を追加しろ」ではなく、「学びの意味は、結局何点とれたかではなく、経験そのものにある」です。

そもそも非認知能力といわれるような力の大半は、冒頭の川原の場面のように、昔なら幼少期から子ども同士の自発的な遊びのなかで培われていたものです。

井本さんの「森の教室」のような環境で毎日すごせれば理想ですが、必ずしも川や森が必要なわけではありません。子どもたちが自由にできる「三間（時間、空間、仲間）」があればあるほど「ソーシャル＆エモーショナルスキル」のような広範囲な非認知能力が育つと考えられます。お爺《じい》ちゃんやお婆《ばあ》ちゃんと昔遊びをするだけでも、「Ｂｉｇ５」のような非認知能力が刺激されるはずです。あるいは、習い事や部活や受験勉強でも「自制心」や「やり抜く力」のような非認知能力は育ちます。難しく考える必要はありません。

非認知能力とは、「幸せの青い鳥」のようなものなのかもしれません。

※「週刊新潮」（２０２１年４月22日号）に寄稿した記事を再構成しました。

参考図書

『遊びが子どもを育てる』(マルギッタ・ロックシュタイン著、小笠原道雄監訳、福村出版)
『アメリカ・インディアンの書物よりも賢い言葉』(エリコ・ロウ著、扶桑社)
『エチカ』(スピノザ著、畠中尚志訳、岩波文庫)
『エミール』(ルソー著、今野一雄訳、岩波文庫)
『お母ちゃん革命』(浅井智子&自然育児 森のわらべ多治見園著、ポプラ社)
『教えられること 教えられないこと』(明石要一著、さくら社)
『原生自然とアメリカ人の精神』(R・F・ナッシュ著、松野弘監訳、ミネルヴァ書房)
『子どもが孤独でいる時間』(エリーズ・ボールディング著、松岡享子訳、こぐま社)
『子どもへのまなざし』(佐々木正美著、福音館書店)
『さあ 森のようちえんへ』(石亀泰郎著、ぱるす出版)
『汐見稔幸 こども・保育・人間』(汐見稔幸著、新田新一郎編、学研教育みらい)
『「自然」という幻想』(エマ・マリス著、岸由二/小宮繁訳、草思社)
『セレンディップの三人の王子たち』(竹内慶夫編訳、偕成社)
『センス・オブ・ワンダー』(レイチェル・カーソン著、上遠恵子訳、新潮社)
『大君の都』(オールコック著、山口光朔訳、岩波文庫)
『地球の洞察』(J・ベアード・キャリコット著、山内友三郎/村上弥生監訳、みすず書房)
『鳥取県智頭町 森のようちえん まるたんぼう』(西村早栄子著、今井出版)

『脳と森から学ぶ日本の未来』（稲本正著、WAVE出版）
『人新世の「資本論」』（斎藤幸平著、集英社新書）
『北欧の森のようちえん　自然が子どもを育む―デンマーク・シュタイナー幼稚園の実践―』（リッケ・ローセングレン著、ヴィンスルー美智子／村上進訳、イザラ書房）
『ホモ・ルーデンス』（ホイジンガ著、高橋英夫訳、中公文庫）
『身近な自然を活かした保育実践とカリキュラム』（松本信吾編著、広島大学附属幼稚園監修、中央法規出版）
『森と自然を活用した保育・幼児教育ガイドブック』（国土緑化推進機構編著、風鳴舎）
『森の生活』（H・D・ソロー著、飯田実訳、岩波文庫）
『森の幼稚園』（イングリッド・ミクリッツ著、国土緑化推進機構監訳、風鳴舎）
『森のようちえん　自然のなかで子育てを』（今村光章編著、解放出版社）
『森のようちえん的子育てのすすめ』（内田幸一著、解放出版社）
『森のようちえんの遊びと学び』（金子龍太郎／西澤彩木著、かもがわ出版）
『森のようちえん冒険学校』（中能孝則著、Kフリーダム）
『森をつくった校長』（山之内義一郎著、春秋社）
『幼児のための環境教育』（岡部翠編著、新評論）
『「ようちえん」はじめました！』（葭田あきこ著、新評論）

おおたとしまさ

教育ジャーナリスト。一九七三年東京生まれ。株式会社リクルートから独立後、数々の育児誌・教育誌の編集にかかわる。育児や教育の現場を丹念に取材し斬新な切り口で考察する筆致に定評がある。全国紙から女性誌にまで連載を持ち、テレビやラジオにもレギュラー出演中。心理カウンセラーや小学校教員の経験もある。著書は『いま、ここで輝く。～超進学校を飛び出したカリスマ教師「イモニイ」と奇跡の教室』（エッセンシャル出版社）、『世界7大教育法に学ぶ才能あふれる子の育て方　最高の教科書』（大和書房）、『なぜ、東大生の3人に1人が公文式なのか？』（祥伝社新書）など60冊以上。

集英社新書一〇八六N

ルポ 森《もり》のようちえん

SDGs時代《じだい》の子育《こそだ》てスタイル

二〇二一年一〇月二〇日 第一刷発行

著者……おおたとしまさ

発行者……樋口尚也

発行所……株式会社集英社

東京都千代田区一ッ橋二-五-一〇　郵便番号一〇一-八〇五〇

電話　〇三-三二三〇-六三九一（編集部）

〇三-三二三〇-六〇八〇（読者係）

〇三-三二三〇-六三九三（販売部）書店専用

装幀……新井千佳子（MOTHER）

印刷所……凸版印刷株式会社

製本所……加藤製本株式会社

定価はカバーに表示してあります。

ISBN 978-4-08-721186-3 C0237

Printed in Japan

集英社新書　好評既刊

教育・心理——E

- 大学サバイバル　古沢由紀子
- 語学で身を立てる　猪浦道夫
- ホンモノの思考力　樋口裕一
- 共働き子育て入門　普光院亜紀
- 世界の英語を歩く　本名信行
- かなり気がかりな日本語　野口恵子
- 人はなぜ逃げおくれるのか　広瀬弘忠
- 悲しみの子どもたち　岡田尊司
- 行動分析学入門　杉山尚子
- 就職迷子の若者たち　小島貴子
- 日本語はなぜ美しいのか　黒川伊保子
- 「人間力」の育て方　堀田力
- 「やめられない」心理学　島井哲志
- 「才能」の伸ばし方　折山淑美
- 演じる心、見抜く目　友澤晃一
- 外国語の壁は理系思考で壊す　杉本大一郎
- ○《まる》のない大人　×《ばつ》だらけの子ども　袰岩奈々
- 巨大災害の世紀を生き抜く　広瀬弘忠
- メリットの法則　行動分析学・実践編　奥田健次
- 「謎」の進学校　麻布の教え　神田憲行
- 孤独病　寂しい日本人の正体　片田珠美
- 「文系学部廃止」の衝撃　吉見俊哉
- 口下手な人は知らない話し方の極意　野村亮太
- 受験学力　和田秀樹
- 名門校「武蔵」で教える東大合格より大事なこと　おおたとしまさ
- 「本当の大人」になるための心理学　諸富祥彦
- 「コミュ障」だった僕が学んだ話し方　吉田照美
- TOEIC亡国論　猪浦道夫
- 「考える力」を伸ばす　AI時代に活きる幼児教育　久野泰可
- 保護者のための　いじめ解決の教科書　阿部泰尚
- 大学はもう死んでいる？　苅谷剛彦／吉見俊哉
- 「生存競争《サバイバル》」教育への反抗　神代健彦
- 毒親と絶縁する　古谷経衡

a pilot of wisdom

ノンフィクション——N

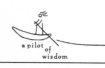